Wolfgang Schmidbauer

Die Seele des Psychologen

Wolfgang Schmidbauer

Die Seele des Psychologen

Ein autobiografisches Fragment

orell füssli Verlag

Lektorat: Thomas Bertram
Umschlaggestaltung und Motiv: Hauptmann & Kompanie Werbeagentur, Zürich
Druck und Bindung: CPI books GmbH, Leck

ISBN 978-3-280-05598-4

Die Deutsche Nationalbibliothek verzeichnet diese Publikation in der Deutschen Nationalbibliografie; detaillierte bibliografische Daten sind im Internet über http://dnb.d-nb.de abrufbar.

MIX
Papier aus verantwortungsvollen Quellen
FSC® C083411

I

Wenn ich vom Neubauflügel der Münchner Universität hinüber in den Altbau zu den Kunsthistorikern ging, empfing mich der Geruch von Bohnerwachs und kaltem Zigarettenrauch. Man schrieb das Jahr 1963. Ich war mit meinem besten Freund verabredet. Er studierte Kunstgeschichte und verachtete die Psychologie. Ich sollte ihn in einer Vorlesung über den bayerischen Manierismus treffen. Xaver wäre nie in eine Psychologievorlesung gekommen. Dort wurden keine Dias gezeigt. Xaver hatte schon oft mein Interesse für die Innenwelt zu einer der vielen fatalen Errungenschaften der Moderne erklärt, nicht ganz so arg wie abstrakte Malerei, aber ebenso abzulehnen. Unsere Freundschaft litt nicht darunter.

Immer wieder stieß Professor Lieb den Stock energisch auf den Boden, mit dessen Schatten er eben noch Details der Projektion markiert hatte. Dann folgte das nächste Dia. Er hatte einen Gehilfen, einen Hausmeister in blauem Kittel. Als es hell wurde, ging ich hinaus und wartete vor der Tür. Xaver erschien zusammen mit einer kleinen Rothaarigen, damenhaft kostümiert, ein Handtäschchen schwenkend. Sie hatte ein fein geschnittenes Gesicht, eine lange, schmale Nase und blaue Augen, die von winzigen Falten umgeben waren.

Sie gab mir eine kleine, warme Hand. »Große Kunst ist das ja gerade nicht, dieser bayerische Manierismus!« – »Aber sie haben sich doch nach Kräften bemüht!«, entgegnete Xaver. »Da muss ich Karl Valentin zitieren, das ist ja einer von euch Bayern«, sagte sie. »Kunst kommt von Können, wenn sie von Wollen käme, hieße sie Wunst!« – »Aber der Norbert Lieb, der ist nun mal für die bayerische Kunstgeschichte zuständig«, sagte Xaver. »Drum liest er ja auch immer aus seinem Buch vor«, sagte sie. »Der macht es sich leicht. Ich muss nach Hause. Tschüss!« Für eine so zierliche Person hatte sie eine recht laute Stimme.

»Eine echte Baronin«, sagte Xaver, als hätte er ihr persönlich den Ritterschlag erteilt.

*

Xaver und ich teilten uns ein Auto, einen schwarzen Mercedes 170 DS aus fünfter Hand, den Xaver während des Semesters fuhr und ich in den Semesterferien. Der Kühler tropfte und musste in regelmäßigen Abständen durch ein in Wasser aufgelöstes Dichtungsmittel geflickt werden. Die Schaltung war ausgeschlagen, sodass man zwei Hände brauchte, um den Rückwärtsgang einzulegen. Aber er sprang an, wenn man ihn gründlich vorglühte, und dann glitt er majestätisch dahin. Schlaglöcher konnte er nicht leiden; die Stoßdämpfer waren hinüber.

Wenn ich im Keller aus dem Heizöltank Diesel abzweigte und in einen unserer Kanister füllte, roch es meine Mutter unfehlbar. Sie kam herunter und schimpfte. »Der Gestank! Und wenn sie euch erwischen!« – »Ich bin gleich fertig!«

Einer der Hinterreifen verlor Luft und musste jede Woche aufgepumpt werden. Wir achteten immer darauf, eine Tankstelle anzufahren, die kein Diesel verkaufte.

*

»Ich mache uns einen Tee«, sagte Xaver. Wir fanden das Auto in der Amalienstraße und tuckerten hinüber zu dem Altbau – Klosett im Treppenhaus –, den Xaver in der Dianastraße bewohnte. Es war ein kleines, graues, heruntergekommenes Stadthaus mit einem Schuppen auf dem Hof, in dem früher eine Werkstatt untergebracht gewesen war. Xaver hatte das Haus zusammen mit seinem

Bruder sehr günstig erstanden, als er nach dem Abitur eine Wohnung in München brauchte. Zu Fuß war man in einer Viertelstunde drüben im Hauptgebäude der Uni. Es war ein schöner Weg, der durch den Englischen Garten führte. Viele Zimmer in dem Haus waren an Studenten vermietet.

Xaver bewohnte ein großes Zimmer im ersten Stock mit einer kleinen Küche in der Ecke sowie eine Schlafkammer unter dem Dach. Dort gab es auch ein kleines Bad. Auf seine Küche war Xaver stolz; er hatte sich Wasser legen und den Spengler nach eigenem Entwurf ein Spülbecken aus Kupferblech anfertigen lassen. Neben der Spüle stand ein Gasherd, darüber in einem Regal das englische Teegeschirr mit blauen Motiven von Herrenhäusern und Schäferszenen.

»Sie ist eine baltische Baronin«, sagte Xaver. »Sie hat in Florenz gelebt. Ich bin mit ihr auch in einem ganz kleinen Seminar bei Professor Lehmann-Brockhaus. Der lebt in Rom, leitet dort eine Bibliothek und schreibt gerade einen Kunstführer über die Abruzzen. Das muss ein Traum sein. Kirchen aus romanischer Zeit, innen über und über mit Fresken bedeckt, die Farben frisch wie vor achthundert Jahren. Er kommt immer mit dem Zug – eine Nacht im Schlafwagen von Rom nach München, ein Tag hier und dann wieder zurück. Zum Semesterschluss hat er uns zum Essen eingeladen, in ein Gasthaus beim Hauptbahnhof. Und wir haben gesagt, wir wollen eine Exkursion in die Abruzzen unternehmen. Vielleicht wird was draus.«

»Da käme ich gerne mit.«

»Du hattest ja schon immer diese Liebe zum Romanischen«, sagte Xaver erhaben. »Mal sehen, ob das geht. Ich kann ja behaupten, dass du mit musstest, weil ich sonst das Auto nicht hätte haben können.«

»Ein Bier wär nicht schlecht!« Xaver nahm einen Glaskrug.

»Komm mit!« Unten in der Hofeinfahrt lag ein junger Mann unter der Hälfte eines VW-Käfers und hantierte mit einem Schweiß-brenner; Funken stoben. Xaver begrüßte ihn leutselig. Nebenan war eine Wirtschaft, »Gassenschänke« stand über dem Hinterein-gang. In einem dunklen Gang läuteten wir an einer zweiten Tür mit einem Glasfenster. Als ein Mann es öffnete, reichte Xaver ihm den Krug. »Eine Maß.« Der Mann verschwand, kam mit dem ge-füllten Krug wieder, Xaver zahlte. »Viele kaufen heute ja Flaschen, aber ich finde, vom Fass schmeckt es besser.«

»Das ist ein großes Projekt«, sagte er auf dem Rückweg zu dem jungen Mann, der sich an dem Käfer zu schaffen machte.

»Ein neuer Käfer mit Totalschaden, Frontaufprall, da konnte ich nicht widerstehen«, erwiderte der Angesprochene. »Und mein alter hat einen Heckschaden!« – »Aus zwei mach eins, das ist das Hexeneinmaleins.« Auf der Treppe sagte Xaver: »Der wird's zu was bringen. Er ist Betriebswirt, und er sagt, länger als zwei Jahre darf man in keiner Firma auf derselben Stelle bleiben. Er könnte sich längst eine richtige Wohnung leisten, aber die Werkstatt passt ihm.«

II

Es gab auf den jährlich zwei bis drei Reisen mit Xaver nach Italien einige Regeln: das Picknick; das Teekochen im Zimmer; möglichst wenig Essen in Restaurants, wo man, wie er sagte, »für die Tischdecke bezahlen muss«; Hotels in Bahnhofsnähe, nie mehr als dritte Kategorie und ohne Aufzug. Aufzüge waren teuer. Xaver war, verglichen mit mir, reich, er besaß schon damals ein Mietshaus in Landshut und die Hälfte des Hauses in der Dianastraße. Aber er war sparsam, genauer: ein Sammler, der Intelligenz und Ehrgeiz dafür einsetzte, immer möglichst viel für sein Geld zu bekommen. Daher kauften wir gute Lebensmittel im Laden und verzehrten sie auf einer Wiese oder im Hotelzimmer.

Und deshalb fuhren wir auch den Mercedes. Als ich eines der vorgeschriebenen Praktika für Psychologiestudenten in der Marketing-Abteilung einer Werbeagentur absolvierte, sollte ich bayerische Landwirte nach ihrem Interesse an einem Unkrautvertilgungsmittel befragen. Dazu musste ich im Auto über Land fahren und die Spesen abrechnen. Die Buchhaltung reagierte schockiert auf meinen »Dienstwagen«. Dem Praktikanten stehe kein Mercedes zu, erklärte mir mein freundlicher Chef, von dem es hieß, er sei ein Neffe von Heinrich Himmler.

*

In Trient kannten wir ein billiges Hotel. Am nächsten Morgen suchten wir uns einen Picknickplatz mit Blick auf die Etsch. Er lag neben einer Villa, die sich mit hohen Mauern und einem dichten Zypressenwald gegen die Außenwelt abschirmte. Wir waren unterwegs nach Rom. Rudolf, ein Kommilitone von Xaver, begleitete uns. Er musste sich an unseren Reisestil gewöhnen. Bei unseren Stadtbesichtigungen achtete Rudolf auf die Ecklösungen der Mauern von Kirchen und Palästen. Das war das Thema seiner Doktorarbeit. Es leuchtete mir ein. Die Ecken entscheiden, ob ein Gebäude hält.

Wir fuhren auf einer Nebenstrecke nach Siena. Es war ein leuchtender Tag. Wir hielten an einem Gehöft im Chianti. Ich sah Olivenbäume, Weinreben, Feigenbäume, das zarte Grün der Weizenfelder, die blauende Kulisse der Hügel und wollte nie mehr zurück.

In der Osterwoche 1965 trafen wir in Rom ein. Wir suchten uns ein Hotel in der Nähe des Bahnhofs Roma Termini und fanden in einer Seitenstraße die Pensione Svizzera. Das Schild mit dem weißen Kreuz auf rotem Grund war nicht beleuchtet, laut Xaver ein gutes Zeichen. Wer kein Geld für Leuchtreklame verschwendet, vermietet seine Zimmer billiger.

Der Weg zu unserem Dreibettzimmer führte über verschlungene Gänge. Das Zimmer war groß genug für einen Tisch, drei Stühle, zwei Schränke und ein Waschbecken. Das Fenster der Toilette am Ende des Gangs ging auf einen Lichtschacht, auf dessen Grund, wie in einem verwüsteten Brunnen, zerbrochene Flaschen und tote Vögel lagen. Das Zimmer selbst ging auf einen Hinterhof. »Molto tranquillo«, sagte die Wirtin, eine von zwei älteren Schwestern in Strickjacken und mit hängenden Wollstrümpfen. Das Frühstück bestand aus Milchkaffee und je einem Hörnchen. Aber es war eine nahrhafte Gegend, Metzger, Bäcker, Alimentari lagen direkt um die Ecke. Hinter einem Nachtkästchen fanden wir die Steckdose. Rom wartete!

Am Ostersonntag stand ich auf dem Petersplatz zwischen Touristen und Pilgern, entschlossen, mich zu fühlen wie der Ethnograf unter den Wilden. Ich wartete, bis Papst Paul VI. auf einen Balkon trat und der Wind seinen Segen *urbi et orbi* aus den Lautsprechern zu mir herüberwehte. Wie Schüler, die aufgerufen werden, jubelten und klatschten jeweils diejenigen in der Menge, deren Sprache gerade dran war. Überwältigend polyglott, der heilige Vater. Nur was er auf Deutsch sagte, klang wie abgelesen.

*

In Rom sein heißt Mythen sehen. Das Pantheon ergriff mich. Da war Zeus, der Sturm- und Gewittergott, anwesend in dem Griff nach dem Himmel, an Sonnentagen ein Lichtstab, in dem Staub tanzte, dann wieder troff Regen durch das lidlose Auge des Göttervaters auf die Marmorplatten. Von allen römischen Bauten blieb der Rundtempel mein Liebling.

Xaver belächelte meinen schlichten Geschmack. Er lobte Berninis Kolonnaden, Borrominis Fassaden und – als Protest gegen den Zeitgeist – die Bauten am faschistischen Weg der Versöhnung. Wir liefen jeden Tag viele Stunden dem Rom-Führer des Touring Club nach. Wenn die Wörter stillhielten, verstand ich Italienisch recht gut. Ich hatte neun Jahre Latein gelernt. Sobald sie sich im Mund der Einheimischen bewegten, blieb mir ihre Bedeutung verschlossen.

Wie das Äsop'sche Schwein, das mit den Augen schon die nächste Eichel verschluckt, fraßen wir die Muskulatur der Palast-Fassaden und die inneren Organe der Kirchen. Wir wetteiferten darum, wer ein Altarblatt, eine Statue, eine Säulenordnung genauer datieren konnte oder den Unterschied zwischen *aus der Zeit* und *nicht aus der Zeit* erkannte, zwischen Original und historistischer Nachempfindung. Wenn wir müde wurden, lenkten wir unsere Schritte zurück zur Pensione Svizzera und tranken Tee. Abends gönnten wir uns Rotwein auf unserem Zimmer, aßen eingelegte Oliven, Pepperoni, Brot, Gorgonzola und Mortadella aus dem Papier.

*

Rudolf hatte Verbindung zu den Teilnehmern der Abruzzen-Exkursion aufgenommen, denen wir uns anschließen wollten. »Wir treffen uns in der Bibliothek«, informierte er Xaver und mich. Die Bibliothek lag in der Nähe der Spanischen Treppe, die in Azaleenblüten getaucht war. Lehmann-Brockhaus war ein breit gebauter Mann in einem bequemen Anzug. Eine dünne Studentin mit einem Spitzmausgesicht suchte seine Nähe. Eine Praktikantin. Um einen Couchtisch saßen Rudolf, die rothaarige Baronesse, eine blonde Frau und ein dunkelhaariger Mann, die ich beide nicht kannte. Der Professor erklärte:

»Es gibt viel zu sehen. Wir werden keine Möglichkeit haben, tagsüber eine lange Pause zu machen. Das hält uns zu sehr auf. Ein Espresso in der Bar, und wir halten bis zum Abend durch. Hotels sind bestellt, immer in den größeren Orten, da können wir essen gehen.«

Die Teilnehmer der Exkursion wurden auf drei Autos verteilt. Der Professor fuhr einen weißen Peugeot 404, einer der Studenten einen Opel Kadett. Die Praktikantin und die Blondine blieben bei Lehmann-Brockhaus. Rudolf und der Dunkelhaarige nahmen den Kadett. Die Baronin hieß mit Vornamen Silke. »Im Mercedes?« – »Wir fühlen uns geehrt«, sagte Xaver zeremoniell.

»Wo wohnen Sie in Rom?«, wollte ich wissen.

»Bei meinem Freund, der hat eine kleine Wohnung am Justizpalast. Er arbeitet in der Sozialistischen Partei, kommt aber aus dem Süden, aus Sizilien. Ich habe ihn auf einem Kongress in Florenz kennengelernt. Er heißt Siso, das kommt von Sisinio, das ist ein sizilianischer Heiliger, ein Märtyrer. Er war ein Hirte, der im zweiten Jahrhundert n. Chr. mit einer Axt erschlagen wurde, weil er seine Schafe nicht für ein heidnisches Fest hergeben wollte.

Sisos bester Freund kommt aus den Abruzzen, der dicke Marcello, der wie Siso in irgendeinem Ministerium arbeitet. Er hat gelacht, als er hörte, dass wir von Rom aus in die Abruzzen fahren würden, um uns dort Kunst anzusehen, wo doch alle aus den Abruzzen nach Rom kommen, weil es in den Abruzzen nichts gibt außer Bären und Wölfen. Die romanischen Kirchen mit den byzantinischen Fresken, von denen hält Marcello gar nichts. Alles ist besser in Rom, sagt er, das Wasser, die Luft, das Essen, die Arbeit. Er macht auch was bei den Sozialisten, bei Craxi, das ist ihr Mann, den verehren sie. Der Sozialismus ist eine wichtige Sache. Gerade hier in Italien.«

Silke hatte sich außer Atem geredet. Ich versuchte, mir vorzustellen, was Siso und Marcello in dem Craxi-Ministerium zu tun hatten. Mappen tragen? Reden schreiben? Was mochte das sein, Politik machen? Ich sah nichts, spürte nichts, wusste nicht, was daran wichtig sein sollte. Zuhause sprachen meine Mutter und ich oft und respektvoll über Kunst und über deutsche Dichter. Meinen Bruder, den Physiker, interessierte das nicht. Aber von Politik redete auch er nicht. Wenn das Gespräch auf einen Politiker kam, schwang immer Verachtung mit. Einmal erzählte meine Mutter einen politischen Witz über ein Mütterchen, das hundert Jahre alt geworden ist. Kanzler Adenauer kommt, um zu gratulieren. Nachher sagt die Alte: »Freundlich war er sehr, aber alt ist er geworden, der Hitler!«

»Sozialismus!«, sagte Xaver verächtlich. »Gleichmacherei. Die hat noch nie etwas Wichtiges geschaffen. Kunst verträgt keinen Sozialismus.«

»Aber ist nicht die Zeit für die Kunst sowieso vorbei? Gibt es nicht nur noch Kunst*geschichte* – und eben Sozialismus?«, fragte Silke. »Erinnern Sie sich an die Vorlesung von Weidlé? Der hat gesagt: Es gibt keine konkretere Kunst als ein abstraktes Bild. Farben auf Leinwand, ganz konkret, sonst nichts! Wir haben die Mitte verloren, und wir brauchen jetzt den Sozialismus.«

»Und das aus dem Mund einer Baronin«, meinte Xaver.

»Die Baronin ist Teil meines Namens«, erwiderte Silke.

13

»Wenn der Lehmann-Brockhaus glaubt, ich hungere den ganzen Tag, dann irrt er sich. Wir machen Picknick, wie immer«, sagte Xaver auf dem Weg zur Pensione Svizzera.

Zwischen den Namen zu wandeln, die mich so viele Schuljahre beschäftigt hatten – Forum Romanum, Tiber, Engelsburg, Trajan-Säule –, erfüllte mich mit Euphorie und Melancholie zugleich. Der Blick wanderte hinab zu Mosaiken und Säulenbasen, über denen spätere Zeiten meterweise Schutt abgeladen hatten. Zu den frühchristlichen Kirchen stieg man hinunter, wie in eine Krypta. Am Palatin wucherte ein Marmor-Ungetüm aus Säulen, Reliefs und Siegessymbolen, das Denkmal für Viktor Emanuel II., den ersten König des vereinten Italien, brutal in den Hügel gefräst, spöttisch Schreibmaschine genannt; gegenüber der Palast, von dem aus der Duce seine Reden gehalten hatte.

In Deutschland waren die Hakenkreuze ausradiert; das schärfte den Blick für die Rutenbündel des Faschismus. Auf einer Ziegelmauer am Kolosseum prangten in weißem Marmor vier Karten des Mittelmeers, Zeugen von Mussolinis Träumen, die Größe des römischen Imperiums wiederherzustellen. Es war einmal sehr groß gewesen und dann mit der Einheit Italiens winzig wieder auferstanden.

Der Duce hatte ein afrikanisches Kaiserreich hinzugewonnen, Libyen, Eritrea, Abessinien. Die römische Unbefangenheit gefiel mir, das war doch etwas anderes als die deutsche NS-Phobie. Später sah ich in einer Gasse an einer Mauer ein großes Plakat in Schwarz und Weiß mit einem Lorbeerkranz, ein Ritual des Gedenkens an einen Todestag, das damals üblicher war als heute. Dieser Tote aber hieß Benito Mussolini. Ich stellte mir ein ähnliches Plakat zum Gedenken an Adolf Hitler vor und schüttelte den Kopf. Waren diese Italiener unbelehrbar, oder hatten sie den Deutschen etwas voraus?

III

Irgendwann reimte ich: *Escursione abruzzese – arte brutta, bel paese*, Exkursion in die Abruzzen – hässliche Kunst, schönes Land. Das war eine Spitze gegen den Professor. Was wir selbst entdeckten, war einfach mehr wert als das, was er uns zeigte. Er wusste alles am besten. Die Abruzzen und die kleine Studentengruppe waren zu wenig für ihn. Einmal bemerkte er beiläufig, mit vierzig werde man fetter und das Leben sei gelaufen.

»Er will die Exkursion als Schlankheitskur nutzen«, sagte Xaver. »Da mache ich nicht mit!«

Wir weihten Silke ein, kauften die Zutaten für unser Picknick und erregten den Argwohn des Professors, weil wir immer wieder zu spät kamen.

»Ist das Auto wirklich so langsam, Frau von Vietinghoff?«

»Aber natürlich, Herr Professor«, log Silke.

Das erste Nachtquartier lag in L'Aquila, der Provinzhauptstadt. Vorher hielten wir in einem Bergdorf. Es war später Nachmittag, schwarz gekleidete Frauen führten Kühe zur Tränke, einem Becken, das einmal ein römischer Sarkophag gewesen war. Die Kirche war klein und finster, mit einer dunklen Holzdecke über zwei Reihen von Bögen, die unterschiedlich hohe Säulen aus grauem und grünem Marmor trugen, Material aus antiken Tempeln. Die erste Stütze rechts vor dem Altar war keine Säule, sondern ein quadratischer Pfeiler aus weißem Marmor, die eingeschnittenen Triglyphen verrieten, dass er einmal zu einem Tempelfries gehört hatte. Während ebenmäßige Säulen keinen Gedanken an ihre Baumeister wecken, rührte mich diese Bastelei. Ich wollte den Menschen kennenlernen, der das gemacht hatte.

Draußen warf die Sonne harte Schatten, es roch nach Rind und Granitstaub. Unsere großen Autos drängten sich befremdlich in dem Dorf, in dem es nur alte Vespas und ein paar vereinzelte Cinquecentos zu geben schien. Der Professor stand vor der Apsis und deutete auf die perfekt gefügten bräunlichen Steine, aus denen wie mit dem Skalpell Mauerblenden mit kleinen Rundbögen geschnitten waren.

»Das ist potente Steinmetzarbeit«, sagte er. »Das Langhaus ist nach einem Erdbeben geflickt worden.«

Er wies auf Mauern, deren Fundamente noch klare Kanten hatten. Darüber begann Bruchsteinwerk, in das sich gelegentlich ein exakt behauener Quader verirrte.

»Hier sind die alten Mauern stärker als die neuen«, sagte Silke.

»Bei Menschen ist es umgekehrt. Die Jugend ist das Schönste. Ich bin da wie die Italiener. Denen geht nichts über die Jugend.«

Später erzählte sie, sie habe sich damals schon ein wenig verliebt und sei eifersüchtig gewesen auf die Nichte des Professors, eine immer ein wenig beleidigt wirkende Blondine. Silke und Xaver waren beide vor dem Krieg geboren, ich im Krieg, die Nichte nach dem Krieg. Ich fragte Silke, was sie vor dem Studium gemacht habe. Sie war wie Xaver und ich im sechsten Semester.

»Sprachen gelernt. Italienisch und Englisch. Dann habe ich als Dolmetscherin für einen Amerikaner gearbeitet, der in Florenz einen Supermarkt aufbaute. Die wurden damals hier eingeführt, das war eine große Neuheit. *Supermercato con la esse lunga*, Supermarkt mit dem langen S. Ich hatte eine kleine Wohnung, *Oltrarno*, in dem Handwerkerviertel unterhalb des Palazzo Pitti. Meine Mutter kam in den Ferien. Dann haben wir Bafög beantragt, damit ich Kunstgeschichte studieren konnte. Mami ist in Rente, viel kann sie nicht abgeben. In München wohne ich bei ihr, in Rom bei meinem Verlobten. Mein Großvater kam 1910 aus dem Baltikum. Er war Jurist, Geschäftsführer im heute fast vergessenen Alldeutschen Verband. Er lebte später von der Ahnenforschung. Auch unseren Stammbaum hat er erforscht. Wir sind ganz direkt mit dem Dichter Heinrich von Kleist verwandt. Dann gibt es noch die Schläuche, die reichen bis zu Karl dem Großen und Widukind dem Sachsen.«

Wir saßen im Auto, und die Scheiben beschlugen. Wir froren und warteten. Bald würden die anderen aus irgendeiner Kirche kommen, auf die wir keine Lust mehr gehabt hatten – immer die gleichen Steinmetzarbeiten, reparierte Erdbebenschäden, freigelegte byzantinische Fresken mit den Pockennarben der Hämmer barocker Gipser. Die Gegenreformation brauchte neue Heilige.

Wann konnten wir endlich weiterfahren? Die Heizung würde wenigstens die Frontscheibe klarpusten. Ich widerstand der Versuchung, Silke zu erzählen, dass unter den 32 Ahnen, die mein Vater auflisten musste, ehe er Beamter werden durfte, auch eine Adelige gewesen war, die ihren Namen verlor, als sie in die bäuerlich-handwerkliche Welt meiner Blutlinie hinuntersank wie ein Blatt auf den Grund eines Tümpels.

Silkes Geschichten entführten mich in eine weitverzweigte Familie, die anders war als alles, was ich bisher als Familie gekannt hatte. Bei den Witzgalls, Günthers, Pinsmeiers und Schmidbauers blieb jeder für sich. Ein Onkel in Kronach hatte sich geweigert, bei den anderen in dem großen Familiengrab beigesetzt zu werden. Bei Silke aber waren alle Onkel und Tante, Cousin und Cousine. Es gab viel Nähe, Hilfe, Geschichten. Onkel Helmut hatte Mami einen Job verschafft. Tante Gisela besaß ein Haus auf Elba, wohin Silke und ihre Mutter in den Ferien fuhren. Onkel Karl hatte in eine amerikanische Zinkmine eingeheiratet. Er wohnte zwischen erlesenen Antiquitäten in der Prinzregentenstraße. Er hatte die vaterlose Silke unter seine Fittiche genommen.

IV

Dreimal am Tag, zum Frühstück, beim Picknick und zum Abendessen, schluckte Silke zwei kleine Tabletten. Einmal nahm ihr Xaver die Packung aus der Hand und las den Beipackzettel vor.

»Neuroleptikum! Ich hätte nicht gedacht, dass Sie etwas zur Nervenstärkung brauchen!«

»Sie kennen mich eben nicht«, entgegnete Silke heiser und nahm ihm die Packung weg.

»Ich verstehe mehr davon«, mischte ich mich ein.

Verstand ich wirklich mehr davon? Ich arbeitete neben dem Studium als Medizinjournalist. In einer Scherzausgabe der Ärztezeitschrift *Selecta,* für die ich als Redakteur tätig war, hatte ein Kollege einen Vierzeiler über mich veröffentlicht:

Der Psychologe lächelt
ganz still und hintergründig
wer ist in diesem Stalle
außer mir noch mündig?

Damit war ich gut getroffen. Ich war 23 Jahre alt und überzeugt, mindestens so schlau zu sein wie jeder andere.

»Waren Sie in einer Klinik?«, fragte ich, denn ich wusste, dass Neuroleptika in die Psychiatrie gehören.

»Ich hatte eine Augenoperation, eine Schieloperation, und danach bin ich durchgedreht. Jetzt bin ich zur Erholung nach Rom gefahren. Die Tabletten soll ich noch eine Weile nehmen, zur Sicherheit.«

Sie blinzelte ein wenig, schaute auf ihre gepflegten, farblos lackierten Nägel, das Gesicht halb durch die roten Locken verdeckt. »Ich erzähle das nicht gern. Es ist eben eine Krankheit wie andere auch. Sie kommt, und sie geht.« Silke war nicht nur nicht verrückt. Sie war eigentlich normaler als normal, unspießig, abenteuerlustig. Andere Frauen hätten gemeckert. Silke zickte nicht. Tapfer und charmant fügte sie sich in die Schrullen des Freundespaares. Trug die Picknick-Idee mit, als sei es ihre eigene. Andere hätten sich einen Platz in dem neuen Peugeot des Professors gewünscht und sich nicht umstandslos auf die schmierigen Polster unseres Mercedes aus fünfter Hand gesetzt. Sie hätten sich aufgeplustert mit ihren Sprachkenntnissen. *Ich jedenfalls* hätte das getan, wenn ich nur halb so gut Italienisch gesprochen hätte.

Silke reichte mir die Tablettenpackung, ließ mich den Zettel lesen, der sorgsam Worte wie Geisteskrankheit oder Schizophrenie vermied. Die Rede war nur von »psychotischen Erregungen«. Sie lieferte sich aus. Silke verblüffte mich immer wieder. Sie wusste viel und hatte ein sicheres Urteil über die Qualität und Authentizität von Kunstwerken. Aber Wissen schien ihr viel weniger zu bedeuten als mir. Sie orientierte sich anders. Für mich war selbstverständlich, dass Schönheit nichts mit Moral zu tun hat. Silke aber sagte, wenn sie einen Menschen sympathisch fand, charakterfest oder interessant, er sei *schön*. Und wo sie das Gegenteil erlebte, war das eben eine *hässliche* Person.

»Du hast die Füße der Venus von Medici!«, sagte sie einmal auf Elba. »Die zweite und die dritte Zehe sind länger als die erste.«

Das war ihre Art zu sagen: »Ich bin verliebt!«

Die Praktikantin, die mit dem Professor im Auto saß und als seine Geliebte galt, weil beide in einem Zimmer schliefen, war ihr nicht sympathisch.

»Sie ist hässlich, die Arme.«

19

Xaver und mich fand sie schön. Sie behauptete, das sei ganz objektiv. Dazu fiel ihr eine Geschichte ein:»Meine Mutter erzählte immer, wie blöd es ist, dass alle Mütter ihre Brut *schön* finden. So hatte sie sich fest vorgenommen, *ihre* Babys *ganz objektiv* zu beurteilen. Dann sagte sie: ›Stellt euch vor, Kinder, ihr wart alle *wirklich* schön, die *schönsten* Neugeborenen, die ich jemals gesehen habe!‹ Sie ist überzeugt, dass es ein *reizender* Zufall war und gar nichts damit zu tun hatte, dass wir *ihre* Kinder waren.«

*

Eintagsfliegen denken wahrscheinlich nicht darüber nach, ob sie eine Spur in der Welt hinterlassen. Menschen schon. Außenseiter waren wir alle, selbst der Professor, der die Stelle als Leiter der kunsthistorischen Bibliothek des Max-Planck-Instituts in Rom als Sackgasse seiner akademischen Laufbahn empfand. Sein Kunstführer der Abruzzen war nicht das Werk eines Löwen. Bisher hatte sich nur niemand für die erdbebengeplagte Provinz interessiert. Rom und Florenz waren längst vergeben. Wenn die große Beute verzehrt ist, bleiben den Schakalen nur die Reste, romanische Kirchen wie die Madonna alle Grotte, zu der man durch weglose Schafweiden vom Rand der befestigten Straße aufsteigen musste. Den Schlüssel hatte der Professor von einem zahnlosen Alten holen wollen, der ihn nicht hatte, aber Rat wusste: Er holte eine kurze Leiter, setzte sie unter das Fenster der Sakristei, drückte es geschickt auf, kletterte hinein und öffnete von innen den Riegel.

Im Innern der Kirche empfingen uns byzantinische Fresken, wie gestern gemalt, mit Chören von Cherubinen. In das Mauerwerk waren Bruchstücke antiker Tempel eingelassen. Schatzsucher-Stimmung ergriff mich. In einem Winkel erblickte ich eine offene Zisterne. Ich spähte vornüber gebeugt in das Dunkel. Etwas fiel aus der Innentasche meiner Jacke ins Dunkel. Es war meine

Schraubleica, die ich in der Innentasche meiner Anzugjacke trug. So sah ich nicht wie ein Tourist aus, eher wie ein Mafioso. Die Zisterne war nicht tief, und es war kein Wasser darin, nur Geröll und Reste von Blumensträußen und Kränzen. Der Hirte brachte seine Leiter, ich kletterte hinab und hielt nach kurzem Suchen die Kamera wieder in Händen. Sie hatte den Sturz heil überstanden, war nur an einer Kante etwas eingedellt. Die Schwarzweißfilme aus den Abruzzen bearbeitete ich im Badezimmer, im Haushalt der Mutter. Vergrößerungen bot ich der kunsthistorischen Bibliothek in Rom an, die einige davon übernahm. Ich habe vergessen, ob ich Geld dafür bekam.

V

Als ich vierzehn war, schenkte meine Mutter mir eine Geschichte der Kunst in Europa in zwei Bänden, einen dicken Textband und einen schweren Bildband, beide in blaues Leinen gebunden. Nach der Lektüre wollte ich die ältesten Kirchen der Christenheit mit ihren mehr als tausendjährigen farbigen Mosaiken mit eigenen Augen sehen. Mit sechzehn packte ich Zelt und Schlafsack auf ein Moped und fuhr mit meinem zwei Jahre älteren Bruder über Cortina und Venedig nach Ravenna.

Die Kunstgeschichte war es, die Xaver und mich verband, seit wir auf einem Bummel zum Bahnhof gemeinsam die Weilheimer Stadtpfarrkirche untersucht hatten. Unsere Geschmäcker unterschieden sich. Ich schwärmte für Antike und Romanik, Xaver für Barock und das 19. Jahrhundert.

Die alte Kunst schuf eine Welt ohne Gegenwart, voller Sinn und Gemeinschaft, reich und doch einfach, mit ihren eigenen Denkaufgaben, Irrtümern und Wahrheiten. Um das Flüchtige festzuhalten, wurden wir zu Sammlern, besuchten Auktionen, entdeckten Stile, die damals noch nicht Mode waren: Empire, Biedermeier, Historismus. Ich bettelte meiner Großmutter ab, was sie an Altem hatte, und war glücklich, als sie mir einen Eichenschrank schenkte, schönstes Louis-seize, der auf einem Speicher in Kronach stand und zu ihrem Erbe gehörte.

*

Was trieb mich in den Süden? Es ist ja ein Klischee, dass der Deutsche Erlösung sucht im Land der Zitronen, die gleichzeitig blühen und Früchte tragen, dass er in unklaren Gefühlszuständen den Brenner überquert und entweder gar nicht mehr oder gereift und geläutert wiederkehrt. Was gut für den deutschen Kaiser war, der doch auch nach Rom ziehen musste, um sich krönen zu lassen, das würde einem Gymnasiasten nicht schaden.

In mir kämpften der nordische und der mediterrane Mythos, im übertragenen Sinne, aber auch buchstäblich. Ich war siebzehn und musste einen Erste-Hilfe-Kurs für den Führerschein absolvieren. Die Schüler trafen sich in einem Hinterzimmer des Feldafinger Rathauses. Ich freundete mich mit Josef an, einem der Sanitäter, die sich beispielsweise einen offenen Schienbeinbruch oder eine schwere Gehirnerschütterung (»Blutaustritt aus den Augenwinkeln«) anschminken ließen und unsere Erste-Hilfe-Übungen weniger genossen als den Schrecken, den ihr Anblick uns einflößte.

Josef war groß, blond, breitschultrig und ein wenig langsam. Er arbeitete als Schreinergeselle und lebte mit seiner Mutter in einer Baracke. Er erzählte von seinen Rotkreuz-Einsätzen auf Veranstaltungen. Er müsse nie Eintritt zahlen und dürfe sich nicht fürchten, wenn bei einem Unfall das Blut über seine Hände laufe. Seine Mutter war klein und dick, trug eine weiße Schürze und sprach einen schlesischen Dialekt. Sie waren Vertriebene. Josef war ohne Vater aufgewachsen. Danach fragte ich nicht, weil auch ich keinen hatte und mir das gar nicht auffiel. Wir bastelten aus Furnierresten ein Schachbrett. Josef war erst zufrieden, wenn etwas perfekt saß, auch wenn es lange dauerte.

Im Herbst hatten wir uns kennengelernt, im Winter spielten wir Schach auf hellem Ahorn und dunkel gebeizter Buche, im Frühling fragten wir bei dem Fischer am Starnberger See, ob wir das kaputte Boot haben könnten, dessen Heck eingedrückt war. Es kostete fünfzig Mark. Wir legten zusammen. Josef nahm Maß und schnitt in seinem Betrieb Ersatz für die beschädigten Bretter zu, ich besorgte dicke Teerfarbe.

23

Jetzt brauchte unser Schiff nur noch einen Namen. Welcher würde zu dem Kahn passen? Argo? Das schönschnäbelige, vielrudrige Schiff der Argonauten? Nein. »In der Edda gibt es Naglfar«, sagte meine Mutter, »das aus den Nägeln der Toten gezimmerte Schiff.« Also überschrieb ich mit einem Rest der Teerfarbe, die ich zwischen die Spanten gegossen hatte, die abgeblätterten Ziffern hinter dem Bug, mit »Naglfar«.

Nie sprach mich jemand auf diesen Namen an. Es war eine private Ironie zwischen mir und meiner Mutter. Naglfar lichtet den Anker und bringt den Asen den Tod, wenn das Weltende (Rangarök) naht. Um die Kinder zu trösten, falls diese besorgt fragen, wie lange es noch dauere, bis die Welt untergeht, wird Naglfar aus den winzigen Streifen der Finger- und Zehennägel gebaut, die den Toten wachsen.

Naglfar bedrückt und tröstet zugleich: Die Welt wird untergehen, aber es ist noch viel Zeit. Und wir können etwas tun, um diesen Zeitpunkt hinauszuschieben. Solange die Angehörigen nicht vergessen, den Toten noch einmal die Nägel zu schneiden, fehlt den Schiffsbauern das Material.

Irgendwo ist ein Diamantberg. Alle tausend Jahre kommt ein Vögelchen und wetzt sein Schnäbelchen an diesem Berg. Und wenn der Berg ganz abgewetzt ist, dann ist die erste Sekunde der Ewigkeit vorbei. So steht es bei den Brüdern Grimm. Niemals also, dachte ich als Kind: Denn Diamant ist härter. Der Berg steht unverändert, umgeben von den Mumien schnabelloser Vögel.

*

In jenem Sommer wurde ich sehr braun. Ich lernte die Ruder so zu halten, dass sie nicht zu tief eintauchten. Ich verachtete die Touristen, die mit steil gehaltenen Griffen nicht so schnell vorwärtskamen wie ich.

Wenn die eisernen Ösen quietschten, träufelte ich Wasser darauf. Wenn es nicht gebraucht wurde, lag das Boot unter einer Plane im Schilf zwischen zwei Bootshäusern, mit einer Kette und einem Schloss gesichert. Es zog immer ein wenig Wasser, das sich unter den Bodenbrettern sammelte und ausgeschöpft werden musste.

Ich lernte, wie ein Gondoliere zwischen den Hütten hindurch ins freie Wasser zu staken und erst draußen die Ruder einzuhängen. Ich fuhr zur Roseninsel, drang ins Uferschilf vor und suchte nach den Spuren von Pfahlbauten. Ich ruderte quer über den See und band das Boot vor der Gedächtniskappelle in Berg an das Kreuz im Wasser, das die Stelle bezeichnet, wo König Ludwig II. ertrank. Von dort schwamm ich ans Ufer. Einmal wurde ich von einem Hagelsturm überrascht und war sehr dankbar für die Plane, die Schutz vor den taubeneigroßen Geschossen bot.

Ich war meist ohne Josef unterwegs. Er musste arbeiten, ich hatte nachmittags frei und außerdem lange Schulferien. Irgendwann brach es aus ihm heraus, das sei keine Freundschaft, wenn man sich so selten sähe. Ich nahm das nicht ernst. So viel hatten wir uns eigentlich auch nicht zu sagen.

Im Winter blieb das Boot an seinem Platz im Schilf zwischen den beiden Bootshütten. Im nächsten Frühling versuchte ich am ersten warmen Tag wieder in See zu stechen. Aber der Kahn lief auf eine unheimliche Weise voll Wasser, sodass ich mit nassen Füßen zurückpaddelte und ihn wieder an die Kette legte, als sei nichts geschehen. Das war das Ende meiner Beziehung zu Naglfar. Ich ließ das Boot liegen. Es verschwand aus meinen Gedanken, wie vorher schon Josef aus ihnen verschwunden war.

Dass ich es damals auf den Namen des Todesschiffes taufte, wundert mich heute nicht mehr. Der Tod löschte den Vater aus, der mich kaum zur Kenntnis nehmen konnte, da er an der Front war, und er löschte auch viel von der Lebensfreude meiner Mutter aus, die ihren Mann entbehrte und schließlich verlor, als sie ihn, ausgebombt, evakuiert, mit zwei kleinen Kindern, dringend gebraucht hätte.

Ich habe das alles sehr lange Zeit völlig normal gefunden: die Anwesenheit des Todes in dem Namen und in den Geschichten, die erzählt wurden, die kindliche Einsicht, dass Erwachsene freudlose Riesen sind, die einem, wenn man es nicht heimlich tut, den Spaß rauben, den man am eigenen Körper hat und an den Dingen, die sie verachten und wegwerfen.

*

Ich war von Büchern und Träumern umgeben. Der Vater meiner Mutter, ein früh pensionierter Jurist, lebte in seiner Bibliothek wie in einem Kloster, verfolgt von den Gespenstern seiner Zeit als Militärrichter im Antwerpen des Jahres 1916. Meine Mutter las Homer, um die Depression zu bekämpfen, die sie befallen hatte, als mein Vater fiel. Das war 1944 gewesen, da war er noch keine dreißig und ich noch nicht drei Jahre alt. Als Oberleutnant der Infanterie hatte er im Januar 1944 eine Abwehrstellung bei Kiew organisiert. Er war aus der Deckung getreten, um einem Melder etwas zu erklären, als ihn die Kugel eines russischen Scharfschützen traf. Er verblutete auf dem Weg zum Hauptverbandsplatz. Was hatte er in der Ukraine zu suchen? Das fragte niemand.

Durch unsichtbare Ritzen war die Sehnsucht nach alten Dingen und südlichen Welten in mich eingedrungen. Aber ich lebte auch in einem Widerspruch: Gegen den Protest meines Freundes, des Kunsthistorikers, hatte ich die Psychologie gewählt, eine moderne Wissenschaft, die es noch gar nicht lange gab. Vier Jahre nach der Exkursion in die Abruzzen schrieb ich meine Dissertation, einen Kompromiss: *Mythos und Psychologie. Methodische Probleme, aufgezeigt an der Ödipus-Sage.* Mythen sind der Urstoff, aus dem alles gemacht ist, Bilder und Geschichten, Religion und Psychotherapie.

26

Ich hatte mich in Robert Graves' *The White Goddess* vertieft und meinte, eine verwandte Seele zu entdecken. Ich bewunderte seinen Rückzug auf eine Insel im Mittelmeer. Er wollte nichts mehr mit dem Nebel von London zu tun haben, sondern für immer in der Welt Homers leben. Das war ganz nach meinem Geschmack. Ich sah nicht den Schrecken in dieser Flucht, so wenig wie ich die Sehnsüchte, in Italien zu bleiben, mit meinem deutschen Schicksal verband. Später las ich eine Autobiographie des Dichter-Mythologen und fand in ihr einen genauen Bericht über die Ängste des traumatisierten Soldaten vor dem Lärm der Großstadt.

In der Welt meiner Kindheit war das Trauma so allgegenwärtig, dass niemand es erkannte. Das Bedürfnis nach Helden hatte den Krieg überlebt, sich an ihm verwandelt und sich selbst ins Mythische gesteigert. Robert Graves, der sich in den deutschen Übersetzungen seiner Bücher nach seinem Großvater »von Ranke-Graves« nannte, passte zu solchen Bedürfnissen. Graves ist der Autor, der meine Sehnsucht nach der mediterranen Kultur mehr geprägt hat als jeder andere.

Meine Mutter las Peter Bamm, *Die unsichtbare Flagge,* und Ernst Jünger, *Auf den Marmorklippen.* Sie versuchte aus ihrem Mann einen Helden zu machen. Später lasen wir Graves und J. R. R. Tolkien, vertieft in die griechische und gälische Mythologie der eine, Schöpfer einer eigenen Mythologie aus Elben, Menschen und Hobbits der andere. Traumatisiert waren beide. Graves wie Tolkien hatten fast alle ihre Studienkameraden auf den Schlachtfeldern von Verdun und Ypern verloren.

Kriegskinder verstehen die Flucht in eine Traumwelt. Meine Mutter war ein Kriegskind so gut wie ich, nur hatte sie der im Ersten Weltkrieg seelisch zerstörte Vater traumatisiert, während ich die Leerstelle, die der Tod meines Vaters hinterließ, mit Großvätern füllte. Der Mythos vom Helden füllte die väterlich-männliche Leere.

*

27

Der Professor in den Abruzzen reagierte säuerlich, als ich ihm von meinen Gedanken über das Fortbestehen antiker Kulte im Christentum erzählte. Von James Frazer und Robert Graves schien er noch nie gehört zu haben. Die Mutter Gottes wird auf italienischen Altarbildern wie Proserpina mit dem Granatapfel dargestellt. Es gibt zwei Mütter: die stillende Madonna und die Todesgöttin, welche den gemarterten Leib des getöteten Gottessohnes im Schoß hält. Im Christentum fehlt Aphrodite. Sie muss draußen bleiben. »Es gibt romanische Portale voller obszöner Darstellungen in den Abruzzen«, sagte Lehmann-Brockhaus. »Einmal war ich in einem Dorf, wo es einen Heiligen gibt, zu dessen Prozession es gehört, dass die Männer Schlangen tragen, Vipern, denen sie die Zähne ausbrechen. Es ist ein unheimliches Schauspiel.«

»Natürlich, die kretische Schlangengöttin, die Königin der Nacht, Isis mit der Schlangenkrone, Gorgo mit dem Schlangenhaar!«, klärte ich ihn auf.

Er reagierte nicht weiter.

*

Silke schmeichelte mir – dass ich Griechisch konnte! Homer gelesen hatte! Sicher würde ich schnell Italienisch lernen. Ich hätte eine wunderbare Aussprache, wie alle Bayern, das rollende R brächten die Norddeutschen nicht fertig. Sie habe lange üben müssen, um zu lernen, was mir geschenkt sei.

Meine Mutter hätte es widerwärtig gefunden, Vorzüge hervorzuheben und sie mit Adjektiven wie wunderbar, herrlich, schön zu versehen. Lob gab es von ihr, wenn überhaupt, nur für Erarbeitetes, nicht für Gaben der Natur. Die kritische Stimme in mir schwieg selten. Aber ich hörte Silkes Stimme gerne, wenn sie Dinge oder Menschen bewunderte.

Sie sah aus wie ein von Roger van der Weyden gemalter Engel – blaue Augen und rote Locken, schmale Schultern, breite

Hüften. Und ich? Ich sah gewöhnlich aus. Ich hatte viel gelesen und ein gutes Gedächtnis. Ich schrieb Artikel für eine Zeitschrift. Mir fehlte die Begabung meines Bruders. Er konnte aus einem Gewimmel von Widerständen, Kondensatoren und Röhren ein funktionierendes Radio bauen. Worte machen konnte jeder.

In meinem Gesicht gab es keine erregenden Kontraste (wie Xavers dunkle Haare und blauen Augen, Silkes rote Locken und weiße Haut). Ich hatte braune Augen, dunkle Haare, alles war irgendwie normal. Eine spezielle Begabung fehlte mir ebenso wie eine intellektuelle oder körperliche Schwäche. Ich war durch den Po geschwommen, als ich mit dem Moped in Italien war, und irgendwann aus einer Laune heraus auf die Alpspitze gestiegen, obwohl ich keine Erfahrung im Bergsteigen hatte. Im Abitur hatte ich in den meisten Fächern eine Zwei, nur in Geschichte eine Eins.

Während der Aufnahmetests für das Psychologiestudium im Jahr 1960, einem Vorläufer des späteren Numerus clausus, suchten die Prüfer bei mir vergeblich nach einer speziellen Begabung für Sprachen oder für Mathematik.

Ich wollte Dichter werden und studierte Psychologie. Tatsächlich wusste ich nicht, obwohl ich regelmäßig Zeitung las, dass es so etwas wie Journalismus gibt, bis ich in einem medizinischen Verlag einen Hilfsjob im Archiv bekam. Zwei Jahre später führte ich die Zeilenstatistik der *Selecta* an und stand im Impressum unter den Redakteuren. Durfte ich darauf stolz sein? Auf verlegene Weise. Eitelkeitsverdacht.

Man sollte sich bloß nichts einbilden. Diese Haltung und Botschaft meiner Mutter hatte ich verinnerlicht. Silke war ein Gegenmittel, vergleichbar der Zeitschrift, was meine Schreibtalente anging. Die Gedichte und Erzählungen, die ich verfasste, verbarg ich vor meiner Mutter. Ihnen fehlte die Legitimität, solange sie nicht gedruckt wurden.

Seit ich veröffentlichte, war diese Scham verschwunden. Was gedruckt war, hatte sich durch diesen Akt legitimiert. Es mag etwas mit meinem Großvater mütterlicherseits, dem Bücherverehrer, zu tun haben, der angeblich die größte Privatbibliothek in Passau besaß und lernte, wie man Bücher band, um die in seiner Studentenzeit einzeln erworbenen Reclam-Hefte standesgemäß in blau marmorierten Karton mit rotem Rücken zusammenfassen zu können.

Ich zeigte Artikel herum, überzeugt, ich würde durch meine Informations- und Aufklärungsarbeit viel für die Heilkunde in Deutschland leisten. Silke war für meine Männlichkeit, was *Selecta* für mein Schreibtalent war. Indem ich meine Gedichte vor der Mutter verbarg, sie aber Xaver zeigte, löste ich mich von ihr. Ich musste ihre Macht in mir begrenzen, aber wo neuen Halt finden? So wurden die Kunst und der Text das Dritte, auf dem dann diese verschmelzende, verrückte Liebe zu Silke gedieh, die von so vielen Ängsten und Abhängigkeiten getrübt wurde.

*

Mit dem Vater war viel aus meiner Kindheit gefallen, was ich mir mühsam und in Stücken wieder verschaffen musste, in traumtänzerischen Gesten. Als Kind fand ich seinen Eispickel auf dem Dachboden und fragte sofort meine Mutter, ob ich ihn haben könnte. Sie schenkte ihn mir.

Ich entfernte den ledernen Schutz für die Spitze und stolzierte mit dem viel zu großen Gerät zwischen den Lichtschäften im Dachboden, welche durch Glasziegel in die Finsternis drangen. Ich malte mir aus, ich liefe über einen Gletscher, stürzte in eine Spalte und hackte Stufen in das Eis, um mich zu befreien. Diese Freiheit, die mein Vater vergeblich gesucht hatte – würde ich sie finden? Was hatte mir der Tod meines Vaters genommen? Hatte er mir die Begegnung mit einem seelisch zerstörten Nazi erspart, der noch viel weniger mit den Wünschen eines Kindes hätte anfangen können als meine kluge, traurige Mutter? So entwickelte ich eine beharrliche Aufmerksamkeit für Dinge. Irgendwann würde ich mit *seinem* Eispickel, den er 1938 für die geplante große Gletschertour gekauft hatte, um das toskanische Haus gehen und mit der flachen Schneide keine Stufen in Gletschereis schlagen, sondern die Wurzelnester von Brombeeren bekämpfen.

Dass ich den Eispickel mit in die Toskana brachte, zeigt die Hartnäckigkeit meiner Bindung an Ersatzobjekte, deren unbewussten Zusammenhang mit ihrem verlorenen Zentrum – dem Vater, dem Mann – ich weder erkannte noch auf diesem Weg ausgleichen konnte. In Frankreich und im Osten war mein Vater als Soldat gewesen. Es lag nahe, in den Süden zu ziehen, in die Antike, in die geistige Landschaft der lateinischen Zitate meiner Mutter.

VI

Die Gruppe deutscher Studenten in den Abruzzen war auf der Suche nach Dingen, die vor Jahrhunderten gemacht worden waren, Zeichen einer besseren Welt, in der die Kunst noch mächtiger gewesen war als das Geld. Weil das Land so arm war, hatte sich in den Abruzzen Altes erhalten, das anderswo ersetzt worden war. Der ärgste Feind der Schönheit des Alten ist nicht sein Verfall, sondern das Neue. Wo ein Hirte im zottigen Mantel mit einem großen grünen Regenschirm inmitten einer Ziegenherde stand, eine schwarz gekleidete Frau mit einer zweizinkigen Hacke einen winzigen Acker bearbeitete, hielt ich an, um ein Foto zu machen.

Durch die Ruinen einer römischen Stadt ritten auf mageren Eseln Frauen mit Kopftüchern, die wie ein Turban gebunden waren. Hier lebe eine albanische Minderheit, erklärte der Professor. Sie sei vor Jahrhunderten ins Land gekommen, habe Sprache und Sitten der Skipetaren behalten.

Irgendwo auf einem Acker stand ein zierliches griechisches Theater mit polygonalem Mauerwerk und aus Stein gemeißelten Sitzlehnen. Auf einer Straße überholten wir eine Reihe mit Säcken beladener Maultiere. Bei dem gotischen Aquädukt von Sulmona sah ich eine abgenutzte Kutsche, als sei da jemand zu altmodisch, um Auto zu fahren. Vor einer Kirchenruine zwischen blühenden Ginsterbüschen erklärte der Professor das Hakenkreuz auf den Steinen im Fries als byzantinisches Symbol. Ich sagte, naseweis aus meiner Graves-Lektüre, das Hakenkreuz der Nazis sei – anders als das hier sichtbare – linksläufig gewesen. Das bringe Unglück.

*

Xavers Zahnweh wurde ärger, wir gingen zu einem *dentista*. Er machte eine Röntgenaufnahme. Ein Weisheitszahn war gewachsen, der keinen Platz im Kiefer hatte. »Späte Weisheit, auf dich hätte ich verzichtet«, sagte Xaver. Die Operation ging rasch vonstatten und wurde bar bezahlt: zwei Schnitte, ein Haken, schon war der Übeltäter entfernt, wurde in ein Papier gewickelt. Ein roter Fleck. Zwei Tage nichts kauen und mit Salzwasser spülen – so viel Salz, wie sich in einem Glass Wasser auflöst. »Soluzione saturata«, sagte ich, der Kieferchirurg nickte.

Silke sprach fließend Italienisch, nicht das verballhornte Latein, mit dem ich herumprobierte. Was suchten wir hier? Warum waren wir in dieser gottverlassenen Gegend, in der byzantinische Ruinen vor sich hin träumten? Die Vergangenheit ist eine Zuflucht. Die Höhle, in die kein Raubtier dringt. Die Studien meiner Mutter nach dem Soldatentod meines Vaters. Wie mit einem Gegenfeuer löschte sie 1945 durch die Geschichte der ionischen Dialekte und der Irrfahrt des Odysseus die Beschäftigung mit der Frage aus, warum junge Männer in Russland töteten und getötet wurden.

Auch vor Troja starben die Kämpfer. Ihr Tod war eine persönliche Sache, keine Materialschlacht mit Artillerie, Fliegerbomben, Maschinengewehrfeuer. Nachdem er die eigene Rüstung verloren hat, weil sein Freund sie trug und Hektor zum Opfer fiel, bestellt Achill eine neue bei seiner Mutter, der Göttin Thetis. Was für ein anheimelnder Krieg. Die Götter raufen mit und fliehen jammernd angesichts einer kleinen Wunde, wie Aphrodite. Oder sie schießen aus sicherer Entfernung Pfeile ab, wie Apoll.

Die Mythologie ist ein Versuch, die Welt durch Geschichten sicherer zu machen: Geschichten wie alte Freunde, in deren Schrullen man sich geborgen fühlt wie im Schützengraben, aber auch Geschichten wie Aufgaben, sich ein anderes Land zu suchen, das Schicksal herauszufordern, die schönste Frau zu gewinnen oder die

33

verlorene Braut zurückzuerobern. Solche Geschichten hatte meine Mutter uns erzählt. Sie hatte sie alle im Gedächtnis, wie die blinden Sänger der Sage. Es waren Namen dabei für Orte. Stammte nicht Ovid aus Sulmona in den Abruzzen?

*

Wir fuhren weiter in die Molise, noch vergessener als die Abruzzen, mit Kirchen, die von Erdbeben geplagt waren; manche hatte die Cassa per il Mezzogiorno renovieren lassen oder ließ sie gerade renovieren. Die kläglichen Versuche, einen Hauch von Gegenreformation in die ärmste Provinz Italiens zu bringen, wurden zurückgenommen. Der barocke Putz wurde abgeschlagen, um die ursprünglichen, byzantinisch-romanischen Formen wiederzugewinnen. Aber auch diese Formen waren armselig gewesen, geflickte Wände und rohe Holzdecken, Fresken im byzantinischen Stil, von Hammerschlägen wie von Pockennarben übersät.

VII

Es war offen geblieben, ob der Zuschuss, den der Professor beantragt hatte, auch Nicht-Kunsthistoriker finanzieren dürfe. Es gab Stimmen dafür und Stimmen dagegen. Wenn das Geld nicht reichte, sollte ich meine Übernachtungen selbst bezahlen. Aber wir hatten sparsam gewirtschaftet, es war Geld übrig, so blieb ich Gast der Universität München und hatte noch etwas Reisegeld, um nach der Exkursion in Rom zu bleiben.

Silke und ich waren uns während der Fahrt durch die Abruzzen etwas nähergekommen, aber es blieb beim Sie. Nach zehn Tagen löste sich die Fahrgemeinschaft auf. Silke kehrte zu ihrem Freund zurück, Xaver und ich quartierten uns wieder in der Pensione Svizzera ein und nahmen unsere Exkursionen in Rom wieder auf, auf unsere Weise. Wir besuchten die Vatikanischen Museen. Der Eintritt war hoch, die Schlange an der Kasse lang. So schimpften wir über die Päpste, die so viel Kunst zusammengestohlen haben und immer noch an ihrem Raub verdienen wollen. Dann wanderten wir durch Trastevere bis zur Marienbasilika. »Das Glasscherbenviertel von Rom«, sagte Xaver, »ich möchte heraus aus der Stadt, morgen fahren wir nach Frascati!«

Der Touring-Führer verhieß wohl erhaltene Villen römischer Adelsfamilien. Außerdem meinte Xaver, wir sollten uns den Wein von Frascati nicht entgehen lassen. Er sei berühmt, vertrage aber den Transport nicht. Er dürfe nur, müsse eben in Frascati getrunken werden.

»Wir fragen Silke, ob sie mitfährt? Sie ist noch in Rom, die anderen sind schon abgereist!«

Die Villa Adriana und die Villa d'Este in Tivoli unter einem Frühlingshimmel. Figuren behelmter Helden, die sich in einem Wasserbecken spiegeln. Wilde Brunnenspiele in einem verwunschenen Park. Irgendwann gingen Silke und ich Hand in Hand. Es wurde noch besser, als wir in einer Schenke an schlichten Holztischen saßen. Da man den goldenen Wein nicht transportieren durfte, mussten wir auf Vorrat trinken. Für die Heimfahrt kletterten wir kichernd auf den Rücksitz des Mercedes. Xaver lenkte ihn geschickt nach Rom zurück, während wir knutschen und uns küssten und das unserer Weinseligkeit in die Schuhe schoben.

»Was wird Siso sagen?«

»Er merkt es ja nicht, außerdem riecht er nicht so gut wie du!«

Sie gab mir ihre Telefonnummer in München. Da ich selbst noch bei meiner Mutter wohnte, wunderte es mich nicht, dass es sich bei Silke ebenso verhielt. Ich fragte mich auch nicht, warum sie ihre kleine Wohnung in Florenz aufgegeben hatte und wieder bei Mama eingezogen war. Jahre später, in meiner ersten Selbsterfahrungsgruppe, wurde ich belehrt, dass es *unreif* sei, volljährig noch bei der Mutter zu wohnen, noch unreifer aber, zu ihr zurückzukehren, wenn man schon einmal ausgezogen war. Als ich Silke kennenlernte, lebten wir beide bei unseren verwitweten Müttern. Als ich an dieser Selbsterfahrungsgruppe teilnahm, hatte ich für Silke und unsere Kinder ein Haus bauen lassen, im früheren Obstgarten meiner Mutter, *sehr* unreif.

Ein Leben als Angestellter konnte ich mir nicht vorstellen: Eingesperrt zu sein, einen Chef am Bein zu haben wie der Sträfling die Kette mit der Kugel. So hatte ich das Angebot des Herausgebers der *Selecta* abgeschlagen, mich als Redakteur und Autor gegen ein gutes Gehalt anstellen zu lassen. Das Studium könne ich mir schenken. Akademiker gebe es wie Sand am Meer, schreiben könnten wenige.

*

»Bring mir kein uneheliches Kind nach Hause! Ich ziehe es nicht auf!« Mehr Unterstützung für die Sexualität ihres Jüngsten hätte ich von meiner Mutter auch nicht erwartet. Ich versuchte meine erste Freundin Doris an ihr vorbeizuschmuggeln. Wenn wir in meinem Zimmer auf der Couch lagen, ließ ich laute Musik laufen. Aber ganz verborgen blieb es meiner Mutter nicht. Sie machte sich Sorgen. Als ließe sich der böse Trieb durch seine ärgste Folge für ihren Seelenfrieden vertreiben, nahm sie das ledige Kind vorweg. Sie sagte es nur einmal, es war wie eine Explosion ihrer Ängste, als Doris wieder gegangen war. Wir ahnten ja beide, dass es für Erziehung zu spät war. Es ging um Respekt. Da muss gebellt wer- den. Während ich Doris vor meiner Mutter verborgen hatte, sollte sie Silke sehen.

Ich holte sie am Bahnhof in Feldafing ab. Es war Semesterzeit, da gehörte der alte Mercedes meinem Freund. Sie lächelte, trug ein Sommerkleid und schwenkte die Tasche, die sie auch in den Abruzzen getragen hatte, ein spielerischer Kompromiss zwischen zierlich und geräumig, in der Art eines Hebammenkoffers, mit Metallbügel und Schnappschloss, aus dunkelgrauem Leder. Besser keine Handtasche als eine, die nicht zu den Schuhen passt, das sei in Italien einfach so, sagte sie.

Wir gingen den Bahndamm entlang, über die Brücke, am Zahnarzt vorbei zu unserem Haus hinter einem Hügel, der damals noch dicht von Fichten bestanden war. Ich erzählte von meinen Plänen eines freien Dichterlebens, in das die Sorge um Brotberuf, Frauen und Kinder nicht passe.

»Ich weiß nicht, ob ich mitgehen will«, sagte Silke plötzlich ernst. »Das hört sich so kalt an, so herzlos, dass du für eine Frau nicht sorgen willst. Alles ist *Arbeit*.«

Ich erschrak. Sie durfte doch nicht umkehren.

»So habe ich mir das doch nur *gedacht*«, stotterte ich. »Ich habe gedacht, dass ich eher frei sein kann, wenn ich nur für mich selbst sorgen muss. Ist es nicht schrecklich, *festgelegt* zu sein? Aber ich will nichts mehr sagen, was dich stört. Wir sind gleich da.«

In Marcel Carnés Film *Die Kinder des Olymp* sagt Arletty in der Rolle von La Garance zu einem zergrübelten Mann: »*C'est tellement simple, l'amour.*« Das hätte ich gerne geglaubt, dass sie so einfach ist, die Liebe. Silke hat dem, ebenso wie ich, nie widersprochen. Unbekümmert zu sein ist gut in bekümmerten Zeiten. *Fare l'amore* war eigentlich unvermeidlich, nach dem, was in Frascati geschehen war. Ich hatte es nicht vergessen, und Silke auch nicht. Als sie sich das erste Mal auszog, sagte sie schmeichelnd-entschuldigend, was ich nur zu gerne entschuldigte: »Erschrick nicht, ich bin auch da unten rot!«

Ihr Schamhaar war in der Tat feuriger als erwartet – wie die ganze, bisher zurückhaltende Person. »Und meine Oberschenkel sind zu dick!« Das waren sie wirklich, aber ich sagte: »Überhaupt nicht, alles ist so, wie es sein muss, ich mag alles an dir!«

»Und wenn ich ein Kind kriege?« – »Ich liebe Kinder – und ich passe schon auf!«

Später erzählte Silke manchmal, dieser Satz, »Ich liebe Kinder«, habe sie für mich eingenommen.

Es gab allerhand zu tun für Amor, der die Menschen verrückt macht mit seinen Pfeilen. Erst einmal wurden wir unzertrennlich. Wir waren in diese Erotik gefallen wie ein Stück Holz in die Brandung. Es gab vieles, was uns trennte, viele verletzende Kanten, die abgeschliffen wurden, ich passte so wenig in Silkes Träume und Bedürfnisse wie sie in die meinen. Aber der Sog war stärker, und die Kiesel, zwischen denen wir rollten, waren härter als wir.

VIII

Dante begegnet in der Unterwelt einem Liebespaar, Paolo und Francesca von Rimini. Sie lesen zusammen ein Buch, verlieben sich ineinander, lesen in einer Nacht nicht mehr weiter, *in questa notte non legevammo più avante,* und werden von dem rachsüchtigen Ehemann Francescas ermordet. *Galateo fu il libro e chi lo scrisse!* Das Buch und der es schrieb waren unser Erzieher. Galateo ist ein Eigenname, der seit Dantes Versen für den Erzieher zum höfischen Verhalten steht.

Auch in unserem Fall war der Kuppler ein Buch, *L'Antirinascimento*[1], ein Text über die Gegenkräfte zum Klassizismus im 15. und 16. Jahrhundert: Hexen, Märchen, Abgüsse lebender Eidechsen und Käfer, Wunderkammern mit bizarren Skeletten, Narwalhörnern und Kristalldrusen.

Silke wohnte mit ihrer Mutter, ihrem Siamkater Tobia und dem schwarzgelben Hund Friggas in einer Zweizimmerwohnung in Schwabing. Schräg gegenüber lag das IMEX-Haus, so benannt nach einer gelben Inschrift, ein Bordell, ehe der Sperrbezirk eingeführt wurde. Den Hund hatte Silkes Mutter halb verhungert bei den Mülltonnen im Hof gefunden. Jemand hatte ihn (wie ich bald vermutete, wegen seines unverträglichen Charakters) ausgesetzt, die Baronin von Vietinghoff hatte solche Untreue gutmachen müssen. Sie pflegte ihn gesund, nannte ihn Sascha und behauptete, den Schlingel gerade wegen seiner Ungezogenheit zu lieben.

Wenn wir zu Abend gegessen und Sascha Gassi geführt hatten, behauptete Frigga, sie sei todmüde und müsse schlafen, während wir behaupteten, wir seien noch frisch und würden das nächste

Kapitel der Italienisch-Lektionen in Angriff nehmen. Diese bestanden darin, dass wir nebeneinander an Silkes Schreibtisch saßen – einem weiß lackierten Büromöbel, dessen untere Fächer und Schubladen Silkes Nähmaschine und Stoffreste enthielten. Ich übersetzte einen Satz aus dem Buch und schrieb jedes unbekannte Wort in ein Heft. Silke erklärte mir die Grammatik und ließ mich Deklinationen, Konjugationen und Redewendungen üben. Sobald wir allein waren, spürte ich die Schmetterlinge im Bauch. Sie drängten sich in meine Sprachübungen, schossen durch mein Erleben als Bilder von Küssen und Umschlingungen auf dem Bett neben dem Schreibtisch. Aber noch klapperte Frigga in der Küche mit dem Geschirr in der Spüle.

*

Ich war in Passau aufgewachsen, mit Blick auf die Vermischung dreier Flüsse, von denen jeder seine eigene Strömung und seine eigene Farbe hat. Die Ilz ist der schwächste, ihr Wasser ist sehr dunkel. Die Donau staut das dunkle Wasser und drängt es an den Rand, wo noch eine ganze Weile die schwärzlichen Strähnen sichtbar sind wie das Haar einer Nixe. Die Donau ihrerseits gibt zwar dem Fluss künftig seinen Namen, ist aber weit weniger mächtig als der Inn. Immerhin ringt sie mit ihm, stemmt ihre schmale grüne Schulter gegen seine mächtige hellgraue, bis beide nicht mehr zu unterscheiden sind und sich in Wirbeln vermählen.

Es war eine Anstrengung, wie flussaufwärts zu schwimmen, aus diesem Gemisch aus Normalität, Wasserkrug, Nudelsalat, Friggas Sympathien für Willy Brandt und Silkes Bewunderung für Craxi, Antirinascimento, Futur und Irrealis im Italienischen in die Eindeutigkeit zurückzufinden – eine Frau, ein Mann, ein Bett. Es war wie ein Sich-Belauern, ein Lauschen, während wir noch arbeiteten, ob noch ein Geräusch war im Bad. Silke sagte mit dem Lächeln der Sirene: »Mami hat einen festen Schlaf, sie schnarcht!«

Und dann lasen wir nicht weiter. Einmal flüsterte Silke schmeichelnd: »Wie die romanischen Apsiden bist du, erinnerst du dich an die Abruzzen?« Auf jeden Fall musste ich um Viertel vor zwölf gehen, um den letzten Zug nach Feldafing zu erreichen.

IX

Die Baronin von Vietinghoff-Scheel, die von Silke Mami genannt
wurde und die ich bald Frigga nennen würde, verwirrte mich. Sie
redete herzlich und viel; ich saß dabei und wartete darauf, wann sie
anfangen würde, *nachzudenken* und zu erkennen, was sie da für halt-
loses Zeug redete. Anfangs war ich fasziniert – *so* konnte eine Mutter
also auch sein. Später erwehrte ich mich ihrer Macht über Silke und
ihrer spitzen Zunge durch eine Hysterie-Diagnose, wie das schon
andere Männer vor mir getan hatten, die mit einer Frau nicht zu-
rechtkamen.

Frigga war wie ein Gespenst aus Über- und Unterwelten. Sie
war unvernünftig, selbstbezogen, hilfsbereit, übergriffig, ein Gemisch aus Cerberus und Cherub, an dem ich vorbei musste, wenn
ich zu Silke wollte. Zwei Jahre älter als das Jahrhundert, war sie im
Baltikum geboren. Sie hatte ihren Vater geliebt und ihre Mutter –
eine geborene von Roenne – gehasst. Das schöne Silber, das sie im
Rucksack aus Thüringen gerettet hatte, kam von der Roenne'schen
Seite.

Mir schwirrte der Kopf von baltischen Namen. Flüchtlinge
kannte ich als vertriebene Habenichtse, nicht als Barone. Obwohl
sich die Familienzweige vor fünfhundert Jahren in die westfälischen
(katholischen) Vitinghofs und die baltischen (evangelischen) Vietinghoffs aufgespalten hatten, nannten sich alle Onkel und Tante,
Cousin und Cousine.

Es ging die Sage, dass dreißig Familienmitglieder gegen Napoleon und fünf für ihn gekämpft hatten. Ein »Onkel« von Silke war
jener General der Wehrmacht gewesen, der in Norditalien gegen

Hitlers ausdrücklichen Befehl kapituliert hatte. Die Nazis hätten ihn liquidiert, die Amerikaner nahmen ihn gefangen.

»Titel sind Namen«, sagte Frigga. »Manche von uns sind reich geblieben, andere arm geworden, wir gehören zu den Armen. Barone sind wir durch den Zaren, die Familie gibt es seit den Kreuzzügen. Wir haben das Pilgerwappen, drei Muscheln. Der Fuchs auf dem Wappen schaut zurück, nach Westen, wo die Familie herkommt, von einem Vitushof in Westfalen. Die westfälischen Zweige haben drei Kugeln im Wappen. Wie die Medici in Florenz. Wir sind älter. Wie es einer aus dem preußischen Uradel zu einem frisch ernannten Grafen sagte: ›Wir bleiben, was wir immer waren – kleine Leute, wie seit tausend Jahren.‹«

Die Balten schienen so wenig gern Deutsche zu sein wie die Bayern. Bismarck hatte Hitler den Weg bereitet, hatte das unabhängige Bayern zerstört, hatte uns den Preußen ausgeliefert. Gab es überhaupt noch Deutsche, oder waren wir alle verführt, Österreicher wie Rheinländer, Bayern und eben auch Balten?

Es ging aber gar nicht um Politik, es ging um Schönheit und Großzügigkeit. Die Reichsdeutschen waren bei Frigga und Silke hässlich, pedantisch, engstirnig, ehrgeizig, militaristisch, autoritätshörig, die Balten großzügig, gastfrei und gemütlich. Der Balte isst Butter und Wurst auf dem Brot, der Reichsdeutsche sagt: »Du Verschwender!« Die Reichsdeutschen schneiden den Schinken dünn und beäugen kritisch jeden Fremden; die Balten, Poeten und Kosmopoliten, tragen die Weite des Ostens im Herzen.

*

Ich kam abends zu einem kleinen Essen im Wohnzimmer von Silke und Frigga, das ganz in weißem Lack gehalten war – von Verwandten geschenkte Möbel, eigenhändig grundiert, geschliffen und lackiert. Frigga war eine Jägerin nach Sonderangeboten und alten Möbeln vom Sperrmüll. »Damals, als ich die Wohnung mit meinem geschiedenen Mann einrichtete, gab es ganz andere Sachen auf dem Sperrmüll, echte Biedermeiermöbel, die niemand wollte. Ich habe viel aufgetrieben; die Wohnung war schön. Als es vorbei war mit dem Petersen, wollte ich nichts von ihm. Ich habe kein Stück mitgenommen!«

Erwartete sie Bewunderung für ihren Opfermut? Das war doch blöd! Ich genoss Friggas Gastfreundschaft und manchmal auch ihre Geschichten. In meiner Familie hatte noch nie jemand freiwillig Bayern verlassen. Der Krieg zwang meinen Vater in die Ukraine, zu seinem Schaden. Frigga war in Riga geboren und in Berlin aufgewachsen. Sie hatte mit ihrem Mann Lappland bereist, den Krieg in Thüringen überstanden, war über die Zonengrenze nach Elmshorn geflüchtet und von dort nach München gezogen.

Friggas Mutter hatte im Baltikum bleiben wollen. Als sich dann 1918 Revolutionäre die Freiheit erstritten (so die eine Lesart) oder Mörderbanden eine in Jahrhunderten gewachsene Kultur zerstörten (so die andere), lobten viele den Baron Leopold von Vietinghoff genannt Scheel für seinen Entschluss, das Land seiner Väter rechtzeitig zu verlassen. Seine Frau fand den Verlust des Lebens in Kurland aber immer nur schrecklich. Ihr Mann hatte ihr nicht das Leben gerettet, sondern sie der Heimat geraubt.

Frigga verriet mit keinem Wort, dass sie die Tochter eines prominenten Rassisten war. Ihr Vater war Jurist und Geschäftsführer des Alldeutschen Verbandes gewesen, den man auch als Verband des politischen Scherbenhaufens bezeichnen könnte. Britische und französische Zeitungen zitierten in den Zwanzigerjahren des vorigen Jahrhunderts bevorzugt aus den *Alldeutschen Blättern* und den *Jahrbüchern,* um die deutsche Expansionslust zu belegen.

Die Rhetorik der Verbandssatzung von 1919 mit ihrem Gerede von der»Erhaltung, Pflege und Entwicklung des deutschen Volkstums« und der »planmäßige[n] rassische[n] Höherentwicklung des deutschen Volks durch Auslese und Förderung aller im Sinn guter deutscher Art hervorragend Begabten« [2] hätte von Hitler stammen können – mit einer wichtigen Ausnahme, die später zur Auflösung des Verbandes und zum wirtschaftlichen Abstieg der Familie führte: Die Alldeutschen wollten das deutsche Kaisertum erneuern, Hitler wollte selbst Führer sein.

Friggas Vater gründete 1926 mit 24 Mitgliedern den Nordischen Ring, der in den skandinavischen Ländern Propaganda für die Rettung des angeblich von den (französischen und britischen) Mischvölkern bedrohten nordischen Volkstums machen sollte. Die Mitglieder des Nordischen Rings waren Anhänger der Zuchtphantasien des späteren Reichsbauernführers Richard Walther Darré, die dieser in seinem 1930 erschienenen Buch *Neuadel aus Blut und Boden* ausformuliert hatte. Darré war mit Friggas (Nenn-) Cousine Charlotte Freiin von Vietinghoff-Scheel verheiratet.

Die Hauptaufgabe des Nordischen Rings sahen seine Gründungsmitglieder neben dem Zusammenschluss aller nordisch Gesinnten in der »Schaffung eines Rassenkerns«, dessen Entstehung im Programm des Rings jedoch nur lapidar mit der »Anlage von Geschlechtsbüchern in nordischem Sinne« umrissen wurde. Die Verantwortung hierfür lag bei Friggas Vater.[3]

*

Frigga sprach von dem Fleiß ihres Vaters als Ahnenforscher und von seinem Scheitern als Geschäftsführer eines Verbandes, den Hitler kaputtgemacht habe. Mir war von meiner Mutter, von ihren Freundinnen und von meinen mütterlichen Großeltern her vertraut, dass nicht an die Triumphgeschichte, sondern nur an die Leidensgeschichte der NS-Zeit erinnert werden durfte.

Meine bäuerlichen Großeltern väterlicherseits hatten sich nie für Politik interessiert. Sie litten nur unter ihr, unter dem Tod meines Vaters, dem das bischöfliche Knabenseminar in Passau ermöglicht hatte, das Abitur zu machen. Dann wurde er doch nicht Pfarrer, wie sich das die Deindorfer Oma so sehr gewünscht hatte, sondern studierte Recht. Seine Mutter hatte 1944 von ihm geträumt, hatte ihn blutüberströmt gesehen, ehe die Nachricht von seinem Tod eintraf.

Frigga lernte 1924 auf einer Schiffsreise zu schwedischen Verwandten den zwei Jahre jüngeren Wilhelm Petersen kennen, einen Schustersohn und NS-Propagandisten. Er entsprach dem arischen Ideal: blond, langschädelig, schlank.

Petersen trat 1918 in die Freikorps-Brigade Ehrhardt ein. Dort wurde er als Propagandazeichner entdeckt und vom Nordischen Ring unterstützt. Frigga wurde zur Ghostwriterin des von Petersen verfassten und mit Zeichnungen illustrierten Buches Lapplandfahrt. Die Reise war ihre schönste gemeinsame Zeit. Sie wurde schwanger, beide heirateten 1926 und bekamen zwei Töchter, Silkes Halbschwestern.

»Dieser Petersen war hinter jedem Rock her, er hat es bei allen Studentinnen probiert, seit er an der Kunstakademie lehren durfte. Er wollte aber nicht, dass ich ihn verlasse. Er weinte und bettelte. Ich sollte ihn beraten, wenn ihm seine Geliebten Schwierigkeiten machten. Ich ertrug das nicht mehr und habe mich in Silkes Vater verliebt.«

Frigga war groß gewachsen und schlank. Sie hielt sich sehr aufrecht und hatte zwischen den grauen noch viele schwarze Locken. Sie band ihre Haare zu einem Knoten und schminkte sich nicht. Sie war für jedes Abenteuer zu haben, lief weite Wege durch die Stadt und trug ihre Beute im Rucksack nach Hause. Sie füllte jeden Raum und beteuerte, ganz bescheiden zu sein.

Silke war unter dramatischen Umständen gezeugt worden. Das enträtselte sich langsam und schmerzhaft hinter dem Bild von der hochbegabten Trost-Tochter, die diesen untrüglichen Kunstgeschmack hatte und die roten Haare des unvergessenen Geliebten, der in der Leibstandarte Adolf Hitler gedient hatte.

»Er konnte auf den Händen gehen und ist immer über das Weinspalier der Villa in Mamis Zimmer geklettert«, erzählte Silke von diesem Vater, mit dem sie – ebenso wie ich mit dem meinen – nur Geschichten verknüpfte, keine Erinnerung. Als sie ihn verlor, war sie etwas über ein Jahr alt; als mein Vater fiel, war ich zweieinhalb. Wir kannten Väter nur als Erzählungen. Unsere Mütter hielten diesen Erzählungen die Treue. Es gab keine Männer in ihrem Leben. Wir hatten Erwachsene nie als Paar erlebt. Paare waren Mutter und Kind. Silke hatte mich adoptiert und ich Silke. Ich hegte den Verdacht, Silkes Vater, Helmut Ade, sei betrunken gewesen, als er den tödlichen Unfall verursachte. In Friggas Augen fiel kein Schatten auf ihn. Er wäre ein großer Dichter geworden, ein Mann des 20. Juli, er sei mutig gewesen.

Bei dem Unfall im Januar 1938 kam neben ihm Thilo von Trotha ums Leben, ein Balte und (entfernter) Cousin Friggas, aufstrebender Mitarbeiter im Nordischen Ring, seit 1934 im Ministerium Rosenbergs für die skandinavischen Länder zuständig. Es war Trothas schwerer Wagen, den Helmut Ade zu schnell in eine vereiste Kurve gelenkt hatte.

Thilos Verlobte war damals gekommen und hatte Frigga angeschrien: Sie sei am Tod ihres Mannes schuld. Dachte sie, Helmut Ade habe sich umgebracht, weil er nicht mehr weiterwusste? Silke galt als Petersens Tochter. Frigga wurde schuldig geschieden, musste aus der Villa ausziehen und erhielt keinen Unterhalt. Petersen übernahm das Sorgerecht für die beiden erstgeborenen Töchter. Der Maler präsentierte eine neue Frau, eine semmelblonde Holsteinerin. Frigga wäre am liebsten gestorben. Sie ging in den Grunewald, wo sie keiner hörte, und schrie sich die Seele aus dem Leib, *ich will tot sein.*

Silke hatte die roten Haare ihres Vaters und war *ein so schönes, so süßes Kind.* Frigga beschloss, ihr Leben noch einmal zu beginnen.

Sie hörte auf, Frau Petersen zu sein. Sie wurde wieder Baronin von Vietinghoff-Scheel. So trug auch Silke diesen Namen. Als ich ihn im »Gotha«, dem Adelskalender, nachschlug, fand ich Silke unter den Vietinghoffs als »unadelige Namensträgerin« geführt. Meine Geliebte war die einzige unadelige Baronin unter vielen adeligen.

Ihre Eltern konnten Frigga nicht versorgen, sie hatten selbst finanzielle Probleme. Der Alldeutsche Verband, dessen Geschäfte Leopold von Vietinghoff-Scheel seit 1910 geführt hatte, war in der Inflation verarmt und nicht mehr auf die Füße gekommen. Er konnte die versprochene Pension nicht zahlen.

1933 war Friggas Vater 65 Jahre alt. Sein Lebenswerk, das Buch *Vom Wesen und Aufbau des völkischen Staates*, verkaufte sich nicht. Die Neuerrichtung einer Adelsherrschaft passte so wenig zu dem braunen Zeitgeist, wie sie in den roten von 1919 gepasst hatte. 1939 wurde der Alldeutsche Verband durch eine von Reinhard Heydrich unterzeichnete Order aufgelöst, mit dem Argument, dass nach der Annexion der Tschechoslowakei und dem deutschen Sieg über Polen Großdeutschland nun tatsächlich existiere und die Ziele des Verbandes damit erreicht seien.

Seit 1934 musste, wer in Nazideutschland Beamter bleiben wollte, 32 arische Ahnen vorweisen. So begann der studierte Jurist Freiherr Leopold von Vietinghoff-Scheel eine späte Karriere als Abstammungs-Dienstleister. Er hatte viele Freunde, die ihm Aufträge verschafften. So konnte er die Wohnung halten und das Dienstmädchen bezahlen.

Frigga fand eine Stelle als Sekretärin (in der Gestapo-Zentrale, was nur wenige wussten). Für Silke fand sich eine Ersatz-Großmutter, die Witwe eines Kapitäns der kaiserlichen Marine, Tante Ina. Auf dem Nachhauseweg von der Arbeit holte Frigga ihre Tochter ab.

Petersen meldete sich 1939 freiwillig, zeichnete den Sieg in Polen und den Feldzug in Russland. Er wurde verwundet und zog sich mit Silkes Halbschwestern in seine Vaterstadt Elmshorn zurück.

Als 1943 Berlin bombardiert wurde, entschieden Frigga und ihr Vater gegen den leisen Protest der Mutter, die Stadt sei zu gefährlich. Die Vietinghoffs fuhren seit vielen Jahren nach Frauensee in Thüringen in die Sommerfrische, immer in dieselbe Pension. Dorthin wollten sie sich zurückziehen, bis der Himmel über Berlin wieder sauber war. Was an Familienerbstücken in Koffer passte, wurde mitgenommen – das Silber, eine kostbare Uhr, der Schmuck. Der Rest blieb in der Reichshauptstadt.

Silke sollte im sicheren Thüringen zur Schule gehen, Frigga für ihre gebrechlichen Eltern sorgen. Frigga erzählte oft, wie arg die Mutter dem gutmütigen und stets sie trösten wollenden Vater mitgespielt habe, wie sie jede Nacht und immer wieder in Thüringen im Schlafzimmer gejammert habe, so dass man es im Flur nicht überhören konnte: Die schöne Wohnung! Das Dienstmädchen! Die Berliner Gesellschaften! Die guten Möbel! Der Pelzmantel! Das Porzellan. Alles hin, weil *er* nicht vorgesorgt habe. Dagegen dann sanft, unvorstellbar geduldig, die *liebe* Stimme des Papa: *Lass es gut sein! Wir haben zu essen, wir haben ein Dach über dem Kopf!* Dagegen die Mama: *Zu essen? Lächerlich! Kartoffeln und die zähen Pilze, die Frigga zusammensucht!* Und wieder der Papa: *Wir müssen zufrieden sein, mit dem, was wir haben!*

Thüringen wurde im April 1945 von den Amerikanern besetzt und acht Wochen später den Russen übergeben. Die Alten hatten den Lebensmut verloren. Der Freiherr hatte keine Kraft mehr. Er hatte geglaubt, die »Reinigung« der nordischen Völker sei ein Weg, um den Niedergang Kurlands aufzuhalten und das Deutsche Reich zu erneuern. Die grauenhafte Eroberungspolitik Hitlers hatte alles zerstört. Wilhelmine von Roenne war 86, als sie starb; Leopold von Vietinghoff 78. Sie wurden in Frauensee begraben.

Frigga schmuggelte auf Waldwegen das Silber aus Thüringen in die Westzonen und brachte später auch Silke nach Elmshorn, wo ihre beiden anderen Töchter bei Petersen und dessen neuer Frau lebten. Der Maler hatte den Zusammenbruch des Dritten Reiches und die Entnazifizierung gut überstanden. Ein Freund besaß eine Haferflockenfabrik. Petersen entwarf die Reklame und zeichnete Märchenbilder für ein Sammelalbum. Silke und ihre Mutter lebten für eine Weile an der Krückau.

Sobald es wieder möglich war, Briefe zu schreiben, wandte sich Frigga an ihre Angehörigen und bat um Hilfe. Unterstützung kam von den Vietinghoffs, vor allem vonseiten Onkel Karls, der dank seiner Ehe mit einer amerikanischen Erbin nicht verarmt war wie die anderen Balten. Unerwartet wirksamer und hilfreicher war die Verwandtschaft von Silkes Vater. Dessen Schwester, eine Schauspielerin mit dem Künstlernamen Nina Raven, hatte Helmut Kindler geheiratet, ein Multitalent, das sowohl im Nationalsozialismus Karriere machen konnte wie auch danach.

Als tüchtiger Propagandist von der NSDAP gefördert, unterhielt Kindler auch Kontakte zu einer Widerstandsgruppe und konnte nach 1945 die Amerikaner überzeugen, ihm eine der kostbaren Lizenzen für eine Zeitschrift zu geben. Daraus wurden der Kindler-Verlag und die Illustrierte *Revue*. Onkel Helmut, wie Silke ihn nannte, fand eine Aufgabe für Frigga: Sie sollte die Fortsetzungsromane lektorieren, die der Illustrierten angeboten wurden.

So zog Frigga nach München und arbeitete in der Romanredaktion der *Revue*. Sie befürwortete den Sauerbruch-Roman *Das war mein Leben* aus der Feder von Hans-Rudolf Berndorff, wie Petersen ehemaliger Freikorpskämpfer und Mitglied einer SS-Standarte. Petersen zeichnete 1950 Geschichten von *Mecki dem Igel* mit demselben Eifer wie früher seine stählern blickenden SS-Kämpfer. Frigga las Roman-Manuskripte, die ein Agent an die *Revue* schickte, und verfasste drei eng beschriebene Seiten mit Inhaltsangabe und Bewertung. Mindestens so stolz wie auf den Sauerbruch war sie auf einen zweiten Tatsachenroman. Darin erschoss eine Mutter den Mörder ihrer Tochter im Gerichtssaal.

X

Als ich Frigga zum ersten Mal traf, war sie in Rente, und die *Revue* erschien nicht mehr im Kindler-Verlag. Onkel Helmut hatte sich anderen Aufgaben zugewandt. Die Vietinghoffs machten sich lustig über ihn und Tante Nina. »Onkel Helmut ist ein Philosemit, wie die Nazis Antisemiten waren«, sagte Silke. »Die Juden sind Übermenschen! Ich habe ihn gefragt, warum er diese großen Sammelwerke macht, Kindlers Lexikon der Literatur, der Malerei. Weißt du, was er sagte? Er will einmal im Leben von der englischen Königin empfangen werden.«

Viel enger als zu Tante Nina wurde unsere Beziehung zu Tante Gisela. Sie hatte einen Baron von der Goltz geheiratet und war mit ihm nach Uruguay ausgewandert, auf eine Farm. Sie hatte ihm drei Kinder geboren, zwei Söhne und eine Tochter. Dann trennten sich die beiden. Die Farm sei zu einsam gewesen, hieß es. Das war nicht zu leugnen, aber es leugnete die Ehetragödie. Tante Gisela kehrte mit ihren Söhnen zurück nach Europa. Die Tochter wollte den Vater nicht allein lassen.

Gisela lernte ich bald kennen. Mir wurde von Frigga kolportiert, sie habe den neuen Freund Silkes *reizend* gefunden. Sie war eine große, strahlend charmante Blondine, eher ausdrucksvoll als schön, die später selbst den mürrischen Hirten in Vicchio dazu brachte, sie zu bewundern. Als sie uns dort einmal besuchte, sagte er mit einem Leuchten in den Augen: »*Un bel pezzo di donna!*« (»Ein schönes Stück Frau«).

Bald weihte mich Frigga in ihr Projekt ein: den Waschsalon in Florenz. Silke liebe Florenz. Sie beide würden dorthin zurückkehren, wenn Silke fertig studiert habe. Die Balten hätten Florenz schon immer geliebt. Der Name Vietinghoff habe in Florenz einen guten Klang. Dankbar sei die Stadt, denn ein Vetter Friggas habe unter Gefahr für Leib und Leben kapituliert, um Blutvergießen und Zerstörung zu verhindern.

Als Silke ihre kleine Wohnung in Oltrarno bezogen hatte, suchte sie einen Waschsalon. Sie stellte fest, dass in Florenz keine Salons mit Waschautomaten existierten. Man gab seine Wäsche in eine Reinigung, was teuer und umständlich war. Silke erzählte Frigga davon, Frigga witterte eine Zukunft für sich und ihre Jüngste. Die Automaten würden von selbst laufen, die Menschen wären glücklich, sie stünde an der Kasse, *la Baronessa della Germania*. Sie könnten in der schönsten Stadt der Welt leben, Silke sich in aller Ruhe eine Anstellung als Kunsthistorikerin suchen oder auch nur ihrer Mutter die Kunstwerke erklären.

Frigga fehlten nur vierzigtausend Mark.

XI

In den Semesterferien gehörte der schwarze Mercedes mir. Silke erzählte Frigga etwas von dringenden Studien an spätbarocken Kirchen. Die Brüder Asam hätten Altäre aus Holz, Stuck und Eisen dramatisch inszeniert: in Weltenburg einen Reiter, den Drachentöter Georg, der aus einem lichtdurchfluteten Hintergrund majestätisch in die Schar der Gläubigen trabe. Noch eindrucksvoller Rohr, wo Mariä Himmelfahrt als bewegte Szene gestellt sei, Apostel in ekstatischer Geste versammelt, während sich Maria in den Himmel schraube, durch Eisen gehalten, die in ihrem zu Boden fallenden Mantel verborgen seien. Derlei müsse man mit eigenen Augen sehen, vor Ort, im Raum, nicht auf einem Foto.

Wir suchten uns ein Gasthaus in Kehlheim. Es war unsere erste gemeinsame Nacht weitab von den Müttern. Selbstverständlich nahmen wir zwei Einzelzimmer.[4] Es war aufregend, Silke zu besuchen, mich aus ihrem Bett in mein Zimmer zu schleichen, nachts noch einmal zu kommen und wieder zu gehen.

Hebbel hat in seinen Tagebüchern geschrieben: »Erst fehlt uns der Becher, dann fehlt uns der Wein.« Die Erotik, die ich zusammen mit Silke entdeckte, war ein Gemisch aus Angst und Lust, erneuter Angst und erneuter Lust. Ich war immer unsicher, hatte keinen Becher, um den Wein zu halten und auszukosten; dazu kam der Zwang, durch Unterbrechung zu verhüten. Silke verschwieg und spielte herunter, dass sie sehr viel mehr Erfahrung hatte als ich; ihre Bewunderung stärkte mich und stürzte mich in verwirrende Zweifel.

Jeder Sexualakt beruhigte mich. Er bewies mir, dass ich endlich dazugehörte, ein Mann war, der eine Frau hatte. Aber die neue Situation ängstigte mich mehr, als ich mir eingestand. War Silke auch wirklich zufrieden? Es fiel mir schwer, mit ihr darüber zu sprechen.

Silke verströmte Bewunderung und hätte jederzeit behauptet, dass sie anderen Männern geschmeichelt habe, ich aber sei *wirklich* der Beste. Ich kannte sie inzwischen gut genug, um ihren Beteuerungen nicht ganz zu trauen. Komplimente, pflegte Xaver zu sagen, glaubt man entweder sofort oder, wenn sie einem übertrieben erscheinen, nach reiflichem Überlegen. Aber ganz so einfach war es nicht.

Ich war begeistert von Silke und der Welt, die sich mir erschloss, aber ich war auch abhängig geworden. Der neue Reichtum glich den magischen Geschenken, die wie ein Traum im Erwachen zerstieben, sobald der Zauber aufgehoben wird. Aladins Wunderlampe ruft den mächtigen Dschinn herbei, sobald er an ihr reibt. »Ich höre und gehorche«, sagt dieser und erfüllt alle Wünsche. Die frühen Psychoanalytiker haben in der Lampe, die man reiben soll, ein Symbol für das Genitale und in der ganzen Zauberei Anspielungen auf die Onanie gesehen. Ich ertrug es nicht, wenn Silke unglücklich war und an unserer gemeinsamen Zukunft zweifelte. Manchmal brach es aus mir heraus, dass ich doch Künstler sein, den Brotberuf meiden wolle und mir daher von ihr etwas mehr Bereitschaft wünsche, zu arbeiten, Geld zu verdienen. Das ginge doch, ich studierte doch auch, wie sie, aber ich arbeitete nebenbei … »Jetzt redest du wie ein Koofmich, es geht im Leben doch nicht immer nur um Geld!«, schalt sie mich. Oder sie bekannte schluchzend: »Ich *kann* nicht so sein wie du. Du bist so *tüchtig*.« Das klang wie ein Vorwurf. Ich fühlte mich klein, geizig und zwanghaft. Ohne Silke, ohne ihr Begehren, ihre Bewunderung, das Leuchten in ihren Augen – was war ich dann noch?

Es musste gehen – studieren, mit der Arbeit für *Selecta* verdienen und daneben auch noch etwas schreiben, das mehr Bestand hatte als Texte für eine Zeitschrift.

XII

Bei Vietinghoffs gab es unendlich viele Geschichten über Verwandte. Hatte meine Mutter die griechischen Heldensagen erzählt, um uns mit Sippschaft zu versorgen? Die Großeltern väterlicherseits, die Bauern aus Deindorf, erzählten nie etwas. Wenn man fragte, erfuhr man nur das Nötigste. In Passau war es kaum besser.

Silkes Schwester Maren zum Beispiel wollte Schauspielerin werden und arbeitete als Fotomodell. Petersen hatte inzwischen weitere Kinder aus seiner neuen Ehe. Frigga war 1949 aus Elmshorn nach München gezogen, um die Stelle bei der *Revue* anzutreten. Maren hätte sicher Karriere gemacht, sie war so schön, so begabt. Wenn sie sich nur nicht mit diesem Fotografen zusammengetan hätte, diesem Tunichtgut, der trank und sie schlug und von dem sie nicht loskam!

Maren war nach einem Streit aus dem Zimmer gerannt und hatte Schlaftabletten geschluckt. Der Fotograf war so betrunken, dass er nichts merkte. So ließ er Maren im Nebenzimmer sterben. Wie von Silkes totem Vater schwärmte Frigga in jedem Satz über Maren von deren Schönheit, Begabung und sicher glanzvoller Zukunft.

Anfangs hatte ich gedacht, Frigga und Silke hätten eben, anders als ich, zahlreiche Verwandte, derer sie sich rühmen und von deren Glanz sie etwas abhaben konnten – Urlaub in einem Ferienhaus, eine Anstellung, finanzielle Hilfen. Später dann die Einsicht, dass es nicht die Verwandtschaft an sich war, sondern die ganz andere Haltung, die sich darin ausdrückte, dass man fragte, wenn man etwas brauchte. Ich hatte gelernt, Stadtpläne zu lesen, um niemanden nach dem Weg fragen zu müssen. Silke erzählte von Tante Gisela, die immer eine amerikanische Freundin zitiere: *I believe in asking!* Es sei doch schön, mit solchen Fragen ins Gespräch zu kommen.

Ich hatte auch einige erfolgreiche Onkel mütterlicherseits, aber ich hätte mir nie vorstellen können, einen von ihnen um irgendetwas zu bitten oder Unterstützung von ihnen zu erwarten. Für Silke war es ganz selbstverständlich, mich Onkel Helmut anzudienen, der sei Verleger, wenn ich Autor werden wolle, könne er sicher etwas für mich tun.

*

Silke hatte ihren Vater so wenig gekannt wie ich meinen. Ähnlich wie bei mir wurden auch für sie die Großeltern wichtig, um die Lücke zu schließen: Leopold von Vietinghoff und sein Freund Karl, der Vater von Tante Gisela. Karl hatte eine Amerikanerin geheiratet, die Erbin vieler Aktien einer Zinkmine.

Onkel Karl war vor einigen Jahren gestorben. Er hatte Autographen von Komponisten wie Mozart oder Beethoven besessen, Millionenwerte, die durch unbedachte Vorsicht zugrunde gingen: Er ließ sie im Krieg, den er in den USA überstand, im Wartegau bei baltischer Verwandtschaft einlagern, wo sie später gestohlen wurden. Niemand wusste, von wem, ob von den Verwandten oder von der Roten Armee. Sie blieben verschwunden.

Viele baltische Adlige hatten 1939 Güter in Polen erhalten, das Hitler und Stalin sich teilten. Deutscher Orden, Klappe zwei: Diese Geschichte hatte als Tragödie begonnen und wiederholte sich als eine solche. Onkel Karl war der liebste Mensch auf der Welt, er lernte mit achtzig Jahren noch Russisch, sammelte Bücher und aß Mürbteigplätzchen. Als Silke mit ihm in die beste Pasticceria von Florenz ging, um die richtige Sorte für ihn zu finden, biss er in eine Probe nach der anderen und sagte: »Nicht fett genug, nicht fett genug!«

Als Silke 1954 zum ersten Mal krank wurde, kümmerte sich Onkel Karl um sie. Er bezahlte nicht nur die Insulinkur.[5] Er saß auch an ihrem Bett, wenn sie aus dem finsteren Abgrund auftauchte, in den sie der Schock geworfen hatte, fütterte sie mit eingeweichten Semmeln. Der Chefarzt hatte diese Methode Privatpatienten vorbehalten und behauptete, sie sei besonders gründlich.

Als ich das erste Mal von der Insulinkur hörte, sagte ich zu Frigga:

»Aber das macht man doch nur bei einer Schizophrenie!«

»Ja, das haben die Ärzte damals auch gedacht, aber ich war immer überzeugt, dass es eine Pubertätskrise war.«

Inzwischen war Silke noch zwei Mal in der Nervenklinik in Haar gewesen.

»Der reizende Dr. Schneeblick hat sie jedes Mal ganz schnell mit Psychopharmaka wieder gesund gemacht«, sagte Frigga. »Er hat gesagt, sie soll ein normales Leben führen.«

»Es war eine Krankheit, ich bin froh, dass sie vorbei ist, ich kann mir nicht vorstellen, dass sie wiederkommt«, sagte Silke. »Ich hatte mit siebzehn meinen ersten Freund, der war noch verrückter als ich. Er hat Theaterwissenschaften studiert. Eigentlich wollte er Schauspieler werden. Er passte nicht zu mir. Ich dachte aber, er sei etwas ganz Besonderes. Wir sind im Englischen Garten spazieren gegangen. Am Kleinhesseloher See ist ein krummer Baum, der über dem Wasser hängt. Wir waren am Abend dort. Der Mond schien, es war eigentlich sehr schön, da sagte er, er könne sich gut vorstellen, sich an diesem Baum aufzuhängen, wäre das nicht ein idyllisches Bild? Das konnte ich nicht vergessen. Ich bin mitten in der Nacht hingelaufen, um zu sehen, ob er da hängt. Es gab grässliche Szenen, bis ich in Haar war. An die Kur kann ich mich nicht erinnern. Nachher waren alle lieb zu mir. Ich hatte ein Jahr in der Schule versäumt.«

Ich redete mir ein, es sei ein gutes Zeichen, dass Silkes erster Freund verrückt gewesen war. An meiner Seite sollte ihr das nicht zustoßen. Ich beobachtete Silke und suchte nach den Zeichen einer seelischen Störung. Ich fand keine. Ich ahnte nicht, dass es auch so etwas wie ein allzu sprechendes Gegenteil von Symptomen gibt.

XIII

Seit 1964 teilte ich mir mit Xaver den Mercedes 170 DS aus fünfter Hand. Wir hatten den Kühler notdürftig abgedichtet sowie Bremsen und Beleuchtung so weit in Stand gesetzt, dass er beim zweiten Anlauf noch einmal über den TÜV kam und uns durch die Abruzzen und zurück nach München trug.

Im Sommer 1965 ging es zum zweiten Mal über den Brenner. Diesmal saß nur Silke neben mir. Es war abgemacht, bei Regina Monducci in der Via Cittadella nahe der Porta Prato zu nächtigen. Signora Monducci war Silkes Zimmerwirtin während ihres Studiums an der Dolmetscherschule in Florenz gewesen. Sie war Witwe, eine toupierte Blondine von vielleicht fünfzig Jahren. Sie bewohnte ein Stockwerk in einem Palazzo, fünf Minuten außerhalb der alten Stadtmauern, die vor gut hundert Jahren durch große Ringstraßen ersetzt worden waren. Sie vermietete vier der fünf Zimmer, die meisten an Studentinnen, das beste an den *commendatore*, einen kahlköpfigen, eleganten Mann mit hängenden Mundwinkeln, der uns so hochfahrend behandelte, wie es sein Titel gebot. Er rühmte sich, in zwei Stunden auf der damals neu gebauten A 1 nach Mailand zu fahren. Die Signora empörte sich flüsternd, wenn er schon wieder Besuch von seiner Geliebten hatte und sie den beiden Espresso ans Bett bringen sollte.

Regina Monducci hatte Silke ins Herz geschlossen. Ich konnte den schnellzüngigen Dialogen nicht folgen und ärgerte mich. Vielleicht hatte *L'antirinascimento* den falschen Wortschatz? In den Gesprächen zwischen Silke und unserer Vermieterin ging es um Verdauung, um frühere Mieterinnen, die Silke noch kannte, um das

Flittchen des *commendatore, questa donna.* Signora Monduccis Küche mit einem großen Kühlschrank, einem Resopaltisch und vier Stühlen war der Mittelpunkt des Lebens in der Wohnung. An der Wand hingen gelbe Teller, bemalt mit Sinnsprüchen, etwa *il denaro non rende felice, ma calma molto i nervi,* Geld macht nicht glücklich, aber es beruhigt die Nerven. Das wenigstens verstand ich.

*

Jeden Tag nach dem Frühstück zogen wir los. Silke trug ein Sommerkleid und schwenkte ihre braune Tasche; ich trug Jeans und Hemd, die Schraubleica mit dem Schwarzweißfilm hatte ich umgehängt. Das Auto blieb stehen. Wir sahen uns Kirchen an, Museen, Brücken, Plätze, entdeckten verborgene Schönheiten, wie das Abendmahl des Andrea di Castagno im Cenacolo di Sant'Apollonia, aber auch allen zugängliche, wie die Paradiespforte Ghirlandaios am Bel San Giovanni, dem Baptisterium gegenüber dem Dom.

Wenn wir müde wurden, kauften wir etwas Käse und Brot. Dann schlenderten wir nach Hause, wobei wir den Weg über den Obstmarkt nahmen. Dort wurden am frühen Nachmittag die Stände geräumt. Überall lagen Pfirsiche, Birnen und Melonen mit kleinen Faulstellen, Auberginen, Gurken, halb zerquetschte Bananen. Wir rafften auf, was wir brauchen konnten. Der Weg zur Porta Prato wurde ein wenig lang. Die Plastiktüten schnitten in die Finger. Silke hielt tapfer aus. Manchmal deutete sie zaghaft an, dass es doch italienische Sitte sei, zwischendurch einen Espresso in einer Bar zu nehmen. Ich mochte keinen Kaffee, erst recht keinen, der mir in dieser geringen Menge überteuert erschien.

Nach unserer Mittagsmahlzeit in Regina Monduccis Küche zogen wir uns auf unser Zimmer zurück. Die Wirtin hatte das Bett gemacht und die Außenläden geschlossen; schmale Lichtstreifen zeichneten ein Muster auf den Boden. Wir liebten uns und verschliefen die Nachmittagshitze. Gegen vier Uhr schob an vielen

Tagen ein Mann einen zweirädrigen Karren durch das Viertel und rief hallend etwas wie *tschentschaiooo*.

»Das ist der *cenciaio*, von *cencio*, der Lumpen. Er nimmt alte Kleider mit, aber auch gebrauchten Hausrat. Prato ist die Stadt der Lumpensammler, dort machen sie aus den Lumpen der ganzen Welt die schönsten Stoffe. *Tutto il mondo finisce a Prato,* heißt es. Die ganze Welt endet in Prato.«

Silke erklärte mir ihr Italien. Alles sei hier natürlicher. Einmal, bei einem Spaziergang, habe Signora Monducci gesagt, *devo fare il pipi* und sich neben sie auf den Weg gehockt. Kinder dürften überall spielen. Man kümmere sich um seine Familie, misstraue dem Staat, spotte über die Kirche.

In Deutschland sei sie einmal mit dem Rad in der falschen Richtung durch eine Einbahnstraße gefahren. Ein Polizist habe ihr zugerufen, sie solle stehenbleiben. Sie habe sich taubgestellt und sei weitergefahren. »Stell dir vor, da hat mich ein Mann, der gerade vorbeikam, am Gepäckträger festgehalten, bis der Polizist da war. Das würde in Italien niemals passieren!«

Abends gingen wir noch einmal in die Stadt, schlenderten durch die Straßen, besuchten den Palazzo Vecchio mit Michelangelos David, Donatellos Judith, dem Herkulesbrunnen und dem Perseus des Benvenuto Cellini unter der Loggia dei Lanzi.

Ich hatte etwas über den Guss der Statue gelesen. Die Arbeit drohte zu misslingen, weil zu wenig Schmelze da war. Der Künstler rettete sein Werk, indem er alles erreichbare Zinngeschirr in den Kessel warf.

»Ich muss dir Signor Cionini vorstellen«, sagte Silke. »In seiner Buchhandlung habe ich gearbeitet, er ist ein Freund. Ich hatte auch mal was mit ihm, kurze Zeit, er ist ja verheiratet, aber seine Frau war immer krank, und er hat sich so um mich gekümmert. Aber das ist lange vorbei. Er ist hässlich, er hat eine Glatze, aber er war immer lieb zu mir.«

Die Libreria Cionini war ein einziger, tief in das Erdgeschoss eines Palazzo reichender Raum in der Via dei Banchi zwischen Dom und Bahnhof. Es gab keine Toilette; die Buchhändler mussten in die Bar nebenan gehen. Vorne fanden sich die Touristenartikel, Postkarten und Stadtführer, hinten die italienische Literatur. Signor Cionini war ein schlanker Vierzigjähriger mit Stirnglatze, traurigen braunen Augen und untadeligem weißen Hemd, höflich und zuvorkommend.

Er lud uns zum Essen ein in eines der kleinen Lokale bei San Lorenzo. Silke plauderte mit ihm über die Partei. Cionini war Sozialist, wie Siso in Rom. Er hatte sich aber, anders als Siso, angesichts der Koalitionsabsichten von Craxi der PSIUP angeschlossen, dem *Partito Socialista Italiana Unita Proletaria,* der italienischen sozialistischen Partei für die proletarische Einheit, gegen das aktuelle Mitte-Links-Bündnis. Ja, er war noch aktiv. Aber es kam nicht viel dabei heraus.

Während des Essens fesselten mich zwei schwarze Buchstaben auf Cioninis Hemdbrust. Der radikale Sozialist trug Maßhemden mit Monogramm.

»Er lebt in einer Villa außerhalb«, sagte Silke. »Ich habe als Studentin bei ihm gearbeitet. Er hat mir geholfen, eine kleine Wohnung zu finden und einzurichten. Sie lag in dem Viertel beim Palazzo Pitti, über dem Arno, da sind lauter Handwerksbetriebe, Schreiner, Schlosser, Schneider, was du willst. Der Makler hat uns die Wohnung an einem Sonntag gezeigt. Da war es ganz still dort. Aber unter der Woche geht's rund. Es hat mir dennoch gefallen. Ich habe Biedermeiermöbel gefunden, eine kleine Kommode und zwei Stühle. Die hat mir ein Handwerker restauriert. Sie sind in Cioninis Lager.«

Cionini war der Erste, den wir nach den Steinhäusern fragten. Ich hatte in der Zeitschrift *Twen* Fotos gesehen. Für vier- bis zehntausend Mark konnte man verlassene Gehöfte kaufen, versteckt in

Olivenhainen, mit schmiedeeisernen Bettgestellen und offenem Kamin. Cionini nickte. Er kenne einen Makler in San Casciano, zwanzig Kilometer südlich an der Straße nach Siena.

Als wir aufbrechen wollten, sprang der Mercedes nicht an. Die Batterie war leer. Nicht weit von der Wohnung der Signora Monducci fanden wir eine Werkstatt. Dort lud man die Batterie auf und überholte die Lichtmaschine, die angeblich nicht kräftig genug lud. Die Reparatur kostete umgerechnet vierzig Mark, aber sie brachte nicht viel. Der Meister empfahl jetzt, eine neue Batterie zu kaufen. Sie sollte umgerechnet zweihundert Mark kosten.

Warum musste das mir passieren, hier in Florenz, wo Mercedes-Ersatzteile so teuer waren! Ich parkte den Mercedes von nun an immer an einer abschüssigen Straße. Wenn er erst einmal rollte, sprang er zuverlässig an; dann durfte man den Motor nicht mehr ausschalten, bis man wieder einen Abhang erreicht hatte.

»Der Diesel braucht keinen Zündstrom«, erklärte ich Silke. »Mit einem Benziner könnte man das nicht machen!«

In Holland würde ein Fahrer mit diesem Provisorium nicht weit kommen, in der Toskana ging es gut. Die von mir bevorzugte Straße lag oberhalb des Arno, an der Via Senese. Ich brauchte eine Stelle, wo niemand vor unserem Auto parken und ich es ungehindert anrollen lassen konnte. Auch in San Casciano war es kein Problem, einen passenden *parcheggio in dicesa* (ein Parkplatz mit Gefälle) zu finden. Der Makler hatte einen Mann mitgebracht. Soviel ich verstand, handelte es sich um einen *fattore,* einen Gutsverwalter, Bindeglied zwischen dem *padrone,* dem Landeigner, und den Pächtern.

Wir stiegen in einen gasbetriebenen Fiat um, der von dem Makler gnadenlos gepeitscht wurde, »sparsam, aber schwach«, sagte er, wenn er bei Steigungen zurückschalten musste. Wir holperten über Staubstraßen. Das erste Haus sollte umgerechnet zwanzigtausend Mark kosten, ein großes, gut erhaltenes Gebäude mit Wasser-, Straßen- und Stromanschluss am Rand eines Teiches mit Bambusgehölz. Wie viel Grund? *A voglia,* nach Bedarf zweitausend, viertausend Quadratmeter.

Das nächste Haus lag mitten in Weizenfeldern. »Wir bearbeiten das Land jetzt zentral, mit Maschinen, da sind die Häuser überflüssig«, sagte der Verwalter. Es öffnete sich in einem riesigen Bogen, von dem aus links die Ställe, rechts das zweistöckige Wohnhaus erschlossen wurden. Breit lag es da in der Abendsonne, mit dem freiesten Blick auf die Hügel rundherum, wunderschön, aber ebenfalls mit umgerechnet fünfzehntausend zu teuer. Ich wollte keine Schulden machen. Das Erbe meiner 1960 verstorbenen Großeltern in Deindorf hatte sechzehntausend Mark betragen, für meinen Bruder und mich.

Diese achttausend lagen auf einem Sparbuch in Feldafing und sollten die Grundlage werden, um sich hier anzusiedeln. Dazu kam das Waisengeld, das mir als Sohn eines im Krieg gefallenen Beamten zustand. Meine Mutter überwies es seit dem Umzug von Passau nach Feldafing ihren Söhnen auf ein Konto. Wir wohnten und aßen bei ihr, versorgt und kostenfrei. Dass auch junge Männer Wäsche waschen und eine Mahlzeit kochen können, kam niemandem in den Sinn.

Wenn meine Mutter Hilfe bei der Gartenarbeit brauchte, zahlte sie uns für die Stunde fünf Mark. Sie benötigte diese Unterstützung vor allem nach dem Umzug. Es wäre ihr 1956 nicht eingefallen, einen Gärtner damit zu beauftragen, aus der von den Spuren der Planierraupe durchzogenen Wüste um das Haus einen Garten zu machen. Wir machten uns mit Pickel, Schaufel und Schubkarren an die Arbeit, pflanzten eine Hecke und Obstbäume, legten einen Steingarten an, für den sie aus den Wäldern der Umgebung und aus den Gärten der Nachbarn Ableger sammelte.

*

Die Suche nach einem Bauernhaus im Chianti scheiterte daran, dass die Häuser zu teuer waren. Wir bedankten uns und versprachen, uns zu melden, nachdem der Makler und der Verwalter uns wieder in San Casciano abgesetzt hatten. Dann löste ich die Handbremse, ließ den Mercedes anrollen, legte den dritten Gang ein und kuppelte aus. Ein leichter Ruck, der Diesel lief, ich schaltete zurück in den zweiten Gang und beschleunigte. Die Fußbremse hatte zu viel Spiel, ich musste sie fast bis auf den Boden durchtreten, um genügend Wirkung zu erzielen. Ich fuhr zu einer Tankstelle und wollte Bremsflüssigkeit nachfüllen lassen. Der Tankwart bekam den Behälter nicht auf. Die Einfüllschraube saß fest; das Gewinde war so abgenudelt, dass kein Schlüssel griff.

Ich fuhr zur Mercedes-Werkstatt von Florenz, in der die modernen Ponton-Karosserien glänzten. Der schwarze 170er mit seiner Kutschenform rasselte hinein wie der Wolf unter die Schafe. Der Meister, ein brummiger Deutscher, schickte einen Arbeiter, der einen starken Schraubenzieher wie ein Stemmeisen an dem Aluminiumdeckel ansetzte und mit kräftigen Hammerschlägen ausreichend Halt in einer Kerbe fand, dass sich der Deckel lockerte und aufgeschraubt werden konnte. Dann füllte er Bremsflüssigkeit nach; ich pumpte einige Male, die Bremse griff wieder. Der Chef wollte kein Geld für diesen Notbehelf.

»Vielen Dank, sehr großzügig von Ihnen, ich fahre nicht schnell«, sagte ich.

»Machen Sie ein Loch in den Boden und stecken einen Holzpflock durch!«, riet er mir.

Ich suchte einen Parkplatz am Abhang.

*

Unser nächster Besuch galt Paolo Pavolini, einem Journalisten, für den Silke gedolmetscht hatte. Er war ein großer, beleibter Mann mit Stoppelhaaren und einem dröhnenden Lachen. Er hatte eine eigene Zeitschrift herausgegeben und behauptete, diese sei mit dem Tod Kennedys gestorben. Er erkundigte sich nach Frigga und erinnerte sich, dass er in München kleine Stücke rohes Fleisch gegessen hatte (Frigga und Silke hatten ihn zu Fondue eingeladen). Er arbeite gerade an einer Reportage über die Schweiz. Dieses Land! Eine einzige Bank, ein Geldversteck für die ganze Welt!

Silke schilderte unsere Suche nach der *casa colonica*. Die Angebote im Chianti seien schön, aber wir könnten sie uns nicht leisten.

»Mein Bruder Dino besitzt solche Häuser, in Umbrien, bei Città di Castello«, sagte Paolo Pavolini. »Er hat die Villa geerbt. Wir waren den Krieg über dort, und wir haben nichts kaufen müssen außer den Zündhölzern!«

Dino Pavolini, der jüngere Bruder, war ganz anders als Paolo: dünn, hektisch, ein Geschäftsmann, der die Niederlassung einer amerikanischen Papierfabrik in der Toskana leitete. Er hatte ein elegantes Büro in der Via Tornabuoni mit den Kästen einer Klimaanlage unter den Fenstern. Er freue sich, uns sein Landgut zu zeigen. Die Häuser seien nichts Besonderes, er brauche sie nicht mehr, Pächter gebe es nicht, Landwirtschaft sei ein Zuschussgeschäft. Er verstehe nicht, was wir mit einem solchen Haus wollten. Es sei klüger, ein Grundstück zu pachten und einen Wohnwagen darauf zu stellen.

Inzwischen war auch Frigga mit Sascha angekommen und hatte ein Zimmer bei Signora Monducci bezogen. Frigga war Feuer und Flamme für unsere Pläne, ein Haus zu kaufen. Sie habe zwar kein Geld, aber sie würde sich beteiligen, uns monatlich unterstützen, ein Zimmer mieten! Sie würde die reiche Verwandtschaft anrufen, Tante Gisela oder Onkel Helmut.

Dino holte uns in einem roten Ford-Coupé ab, auf dessen Rückbank sich Silke und Frigga mit dem Hund quetschten. Das sei eigentlich der Wagen seiner Frau, aber sie habe Rückenschmerzen, deshalb fahre sie jetzt seinen Citroën. In Arezzo verließen wir die Autobahn und jagten über eine holprige Straße zwischen Kastanienwäldern nach Città di Castello. Bald danach bog Dino auf eine Staubstraße nach Morra ab. Unser Ziel war die Villa Toppo di Morra, ein Konglomerat aus Herrenhaus, Scheunen, Ställen und zwei Wohnungen für die Pächter.

Wir wurden vom Gutsverwalter in den Salon der Villa geführt, wo eine Tafel für uns gedeckt war und Ende August ein Feuer im Kamin brannte. »Es ist feucht hier, die Räume sind nicht mehr bewohnt, die Läden immer geschlossen, ein Feuer tut gut«, sagte Dino. »Ein bescheidenes Essen. Nur eine Sorte Fleisch.«

Es gab eine Vorspeise, Salami mit Feigen, Pasta mit frischen Kräutern und Parmesan, Huhn in Salzkruste, Brot, Käse und Obst zum Nachtisch, dazu einen rauen Rotwein.

Nach dem Essen gingen wir einen Feldweg entlang, durch lichte Eichenwälder – »es gibt Trüffeln hier!«, sagte Dino. Der Weg war ausgewaschen, der Lehm von tiefen Gräben durchzogen. Ich sah mich schon mit Pickel und Schaufel am Werk, um die Rinnen zu füllen. Das Haus stand da wie aus der Erde gewachsen. Die Eingänge unten führten in Stallungen. Die Wohnräume erreichte man über eine massive Steintreppe mit einem gemauerten Geländer. Von dem kleinen Vorplatz traten wir in die Wohnküche mit einem offenen Kamin für Klafterscheite und einem Spülstein, der in die Nische eines der Fenster gemauert war, die nach Osten, auf das Tal von Morra, gingen. Über uns drei dicke Balken, die viereckige Hölzer trugen, auf denen Ziegelplatten lagen. Dieselben *tavelle* bildeten auch den Fußboden. Flecken an der Decke verrieten, wo Wasser hereingelaufen war und die Kalkmilch verfärbt hatte, mit der Wände, Dachbalken und Innendach geweißt waren.

Die insgesamt vier Räume nahmen die gesamte Breite des Hauses ein und zweigten nach beiden Seiten von der Küche ab. Es waren gefangene Zimmer, man ging von einem direkt in das nächste. Im letzten Raum stand ein Doppelbett mit Kopf- und Fußteil aus Schmiedeeisen. Aus der Matratze quoll die Schafwollfüllung. Neben dem alten Haus stand ein Kasten aus Beton mit vielen Schornsteinen. »Hier habe ich vor ein paar Jahren ein neues *essiccatoio* für den Tabak bauen lassen«, sagte Dino. »Und dann ist der Pächter abgehauen. Ich bin es leid.«

Auf der Fahrt hierher hatte ich Tabakfelder gesehen, auch die eine oder andere dieser Trockenhütten. Auf dem Rückweg zur Villa richtete ich im Geiste das Haus ein und reparierte die Zufahrt. Dann fuhr Dino genau so rasant, wie wir gekommen waren, nach Florenz zurück. Er übersah ein Schlagloch; von da an veränderte sich das Motorgeräusch. Paolo erzählte später, Dino habe sich beklagt, dass er sich für uns einen Auspuff ruiniert habe, die Reparatur koste mehr, als er an dem Handel mit dem Haus verdienen würde.

Der vierte von Silkes Florentiner Freunden war Rodolfo Siviero. Silke sagte, er sei ein Freund von Paolo und ehemaliger Minister, der den Sonderauftrag gehabt habe, die von den Deutschen in Italien gestohlenen Kunstwerke zurückzuschaffen. Siviero wohne in einem Palazzo am Lungarno und sei, wie die meisten Toskaner, sehr geizig. Er habe Paolo einmal ein zweites Glas Whiskey verweigert, weil der so teuer sei.

Siviero war klein, drahtig, ein Mann mit der markanten Nase und kahlen Stirn des Etruskers, die in den Straßen toskanischer Ortschaften lebendig geblieben sind. Solche Köpfe gleichen den mehr als zweitausend Jahre alten Urnenporträts im Museo della Civilta Etrusca in Florenz zum Verwechseln. Siviero erkundigte sich nach Frigga, sprach respektvoll von Silkes Onkel, dem General, der Florenz vor der Zerstörung gerettet habe, und scherzte über Paolo. Zum Abschied schenkte er uns ein Buch über einen Besuch in Russland.

Ich verstand nur Bruchstücke der Unterhaltung und verbrachte die Zeit damit, mich umzusehen. Wir saßen in Renaissance-Sesseln mit Bezügen aus handgewebtem Stoff nach einem Muster aus dem 16. Jahrhundert. Die Kaminfassung schmückten Reliefs aus der Frührenaissance, wie sie der Palazzo Ducale in Urbino nicht besser hat. Darüber hing, das größte Wunderwerk von allen, eine Marmorintarsie von Raubtieren, die nur antik sein konnte.

»Nach den deutschen Kunsträubern geben mir jetzt die italienischen mehr als genug zu tun!«, sagte Siviero. Er war der Löwe, der den Hyänen die Beute abjagte. Behielt er die besten Stücke für sich? Ich habe nie vorher und nie danach außerhalb von Museen so kostbare Dinge gesehen: geschnitzte Renaissance-Truhen, antike Sarkophage, meisterhafte mittelalterliche Gemälde auf Goldgrund im Sieneser Stil.

Siviero teilte sich die weitläufigen Räumlichkeiten mit seiner Mutter. Sie lebte im ersten Stock, wir bekamen sie nicht zu Gesicht. Von Silke erfuhr ich ein wenig aus seinem Leben. Siviero war 1937 in Berlin gewesen, wo er, getarnt als Student der Kunstgeschichte, für die Faschisten spionierte. Bis 1943 blieb er ein hoher Funktionär in Mussolinis Geheimdienst. Danach schloss er sich der antifaschistischen Front an. Auf der Seite der königstreuen Teile der Armee und der Partisanen ging er gegen den »Kunstschutz« der Hitler-Partei vor, die unter verschiedenen Vorwänden Museen und Kirchen plünderte.

1944 wurde er von einer faschistischen Miliz verhaftet und gefoltert. Alte Freunde aus seiner Zeit bei der Geheimpolizei retteten ihn. 1945 blieb Siviero nicht nur in »seinem« Palazzo des emigrierten jüdischen Kunsthistorikers Giorgio Castelfranco am Arnoufer, sondern wurde auch Bevollmächtigter des neuen Ministerpräsidenten Alcide De Gasperi im Rang eines Ministers, um die von den Deutschen geraubten Kunstwerke aufzuspüren. Paolo nannte ihn den »007 dell'arte«.

Rodolfo Sivieros Traum war ein eigenes Museum für die *arte rubata,* die »Raubkunst«, an der so viele Geschichten hängen. Wo aber beginnen? Müssten dann nicht die Bronzepferde auf der Balustrade von San Marco in Venedig zurück nach Byzanz, das heute Istanbul heißt? 1804 hatte sie Napoleon nach Paris schaffen lassen; er wollte sich symbolisch an dem Viergespann des byzantinischen Gottkaisers bereichern. Heute stehen die antiken Rösser wieder in Venedig, es gilt das ältere Diebesrecht.

Rodolfo Siviero starb 1983. Das Haus am Arnoufer vermachte er der *Regione Toscana*.

XIV

Bevor wir nach Elba aufbrachen, wo Frigga und Silke auch in diesem August 1965 in dem Haus von Tante Gisela wohnen konnten, kam ein Brief von Dino Pavolini auf offiziellem, mit dem Bild der Italia gestempelten Papier, das Dokumenten Gültigkeit verlieh. Man kaufte es bei *Sale e Tabacchi*, den Läden, welche die staatlichen Monopolgüter feilboten: Salz, Tabak, Briefmarken. Für 1,8 Millionen Lire war das Haus in Castro di Toppa di Morra zu haben. Der Vertrag wäre gültig, sobald ich die Hälfte des Geldes bezahlt hätte. Der Rest wäre dann beim Notar fällig. Ich zögerte.

*

Anfang September kutschierte ich Frigga, Silke, einen Hund und einen Siamkater zum Anleger der Fähre von Piombino nach Portoferraio. Das Gepäck wurde ausgeladen. Ich fuhr zurück und suchte einen Parkplatz mit Gefälle. Ich fand ihn vor einer Tankstelle und ließ den alten Mercedes dort stehen. Es war meine erste Fahrt übers Meer. Dieses Schiff war doch etwas anderes als die Donaufähre in Passau oder der Dampfer Seeshaupt auf dem Starnberger See. Dicke Ölfarbe, poliertes Messing, lackiertes Kastanienholz, Rettungsboote an Bord, ein Salon, in dem es nach kaltem Zigarettenrauch roch.

Im Hafen von Piombino kitzelte Schwefelgeruch die Nase. Ein Hüttenwerk rauchte, an dessen Kai die Schiffe mit dem Eisenerz aus den Bergwerken Elbas festmachten. In der Ferne die Silhouette der Insel Monte Christo. Elba erhob sich vielhügelig über dem Dunstschleier. Wir fuhren an gelblichen Klippen entlang, durch die Brandung skelettiert, darüber grüne Büsche, Macchia.

Ich war voller Abenteuerlust und sprang vom Schiff, kaum hatte die Gangway der Fähre die Mole von Portoferraio berührt.. Zu dritt mit Gepäck war ein Taxi kaum teurer als der Bus. »Wie schön muss es hier gewesen sein, als es noch keine Straßen gab, nur den Weg über das Wasser und die Maultierpfade im Inselinneren«, sagte ich.

»Du wirst Ernesto und Concetta kennenlernen und Livio«, sagte Silke. »Den Brüdern hat Tante Gisela den Weinberg abgekauft, in den sie das Haus gebaut hat. Die Bauern hier haben immer zwei Häuser, eines im Dorf für den Winter, und eines in den Weinbergen für den Sommer.«

In Marciana zeigte uns ein Verwandter von Ernesto das Motorboot, mit dem wir in die kleine Bucht fahren sollten, über der das Haus in die Felsen gebaut war. Über Land war es damals nur auf einem Fußweg zu erreichen. Tante Gisela hatte Frigga überzeugt, dass ich mit einem Schlauchboot umgehen könne, ihre Söhne bewältigten das lässig. Ich fand einen Schalter an dem Außenbordmotor. Ein. Daneben der Griff für einen Seilzug, wie bei einem Rasenmäher, um den Motor anzuwerfen. Ich zog. Der Motor gurgelte und verstummte. Ich riss und riss. Ich probierte verschiedene Stellungen des Drehgriffs. Das Boot trieb durch den Hafen. Die ersten Gaffer fanden sich ein.

Ich schüttelte den Tank. Voll. In dem Schlauch, der zum Motor führte, sah ich so etwas wie einen Gummiball. Eine Pumpe? Ich drückte den Ball zusammen. Beim nächsten Versuch sprang der Motor an, lief ein paar Sekunden und setzte wieder aus. Ich pumpte wieder und schämte mich, dass ich nicht gleich darauf gekommen war. Der Motor lief. Die Schraube schäumte. Ich steuerte aus dem Hafen. Der Bug hob sich aus dem Wasser. Musste ich mehr Gas geben, damit das Wasser am Heck nicht über das Brett schwappte, an dem der Außenbordmotor befestigt war? Als ich beschleunigte, hob sich die Spitze des Bootes noch höher aus dem Wasser. Ich bat Silke und Frigga hektisch, sich nach vorne zu setzen. Der Siamkater verkroch sich zwischen den Gepäckstücken. Silke unterdrückte einen Schrei, als sie ausrutschte. Ein Wellenkamm schwappte ins Boot. Es dämmerte. Ich bog um einen Felssporn. Dahinter eine Bucht – die falsche. Wenn der Motor aussetzte? Über Bord springen, die Leine packen, das Boot ziehen wie Flipper? Wir fuhren die Steilküste entlang, zwischen Brandung und Meeresweite. Endlich kam die richtige Bucht in Sicht, bewacht von Felsen, auf die jemand Terrakotta-Löwen in der Größe von Hauskatzen gesetzt hatte. Das Haus, ein lang gestrecktes Rechteck mit flachem Dach, lag fünfzehn Meter über dem Meer in einem Weinberg. Wo er in die Macchia überging, erhob sich das gefiederte Haupt einer Palme.

Dann lief die Schraube des Außenborders auf Grund. Sie bewegte sich nicht mehr, der Motor drehte leer. Auch das noch! Ich stieg über den Gummiwulst ins seichte Wasser und zog das Boot auf den Kies. Eine steile Treppe aus Natursteinen führte zu dem Haus. Einstöckig, weiß verputzt über einem Kellergeschoss aus Natursteinen, eine riesige Dachterrasse, Rebenreihen mit fast reifen, gelben Trauben, drum herum Macchia und Felszacken.

Ich habe eine animistische Beziehung zu Maschinen. Wenn mein Auto nicht anspringt, will mein Herz stehen bleiben; wenn mir eine alte Uhr aus der Hand rutscht und die Unruhwelle bricht, fühle ich mich schuldig. Mein erster Aufenthalt auf Elba begann mit dem Gefühl, ich sei ein Motorbootmörder.

*

Frigga nahm wie immer das Zimmer von Tante Gisela; Silke und ich belegten die beiden Zimmer für Giselas Kinder. Der Siamkater verkroch sich unter Silkes Bett, erschien mürrisch am nächsten Tag und leerte einen Teller Dosenfutter. Der Hund verbellte die Brandung. Im Wohnzimmerregal entdeckte ich Informationen über einen Evinrude-Motor und eine Plastiktüte mit einigen Metallstiften. Seither weiß ich, was ein Scherstift ist: eine Art Niete aus relativ weichem Metall, die nachgibt, ehe die Schraube Schaden leidet. Ich nahm die Bruchstücke des alten Scherstiftes heraus und setzte den neuen ein.

Zusammen mit Silke brachte ich am nächsten Tag das Schlauchboot zurück nach Marciana Marina und hängte es an seinen Platz im Hafen. Wir gingen zu Fuß mit unseren Einkäufen zurück; es war ungefähr eine Stunde Weg, über eine unbefestigte Straße. Ich musterte die vom Regen ausgewaschenen Rinnen und die hervorstehenden Felsen. Hoffentlich ging es dem alten Mercedes in Piombino gut, diesen Weg hätte er nicht gemocht.

»Ich liebe diesen Blick auf Sant'Andrea«, sagte Frigga. »Er ist der schönste Blick auf der ganzen Insel. Ich gehe gerne jeden zweiten Morgen zum Einkaufen, ich stehe auf, wenn ihr noch schlaft, und bin zum Frühstück zurück!« »Der Außenborder ist viel zu stark«, sagte ich. »Er frisst zu viel Benzin. Er ist zu groß für das kleine Schlauchboot. Und es wäre doch auch viel gescheiter, Ruder zu haben, wenn der Motor einmal nicht läuft! Noch besser wäre ein Segelboot.«

Mit Ruderbooten hatte ich Erfahrung seit der Zeit von Naglfar; der Selecta-Verlag besaß eine Pirat-Jolle, die in Possenhofen lag und mit der alle Verlagsangehörigen nach Anmeldung segeln durften.

Niemand interessierte sich für meine Vorschläge.

»Sie fahren Wasserski«, sagte Silke und meinte die Söhne von Tante Gisela. »Sie sind bis La Capraia gefahren, der Insel, dort!« Sie zeigte zum Horizont, wo sich im Dunst ein Dreieck abzeichnete. »Da hatten sie Kanister mit Benzin dabei. Sie durften nicht landen, es ist eine Gefängnisinsel. Sie tauchen, mit den *bombole*. Michael hat eine Muräne gefangen, länger als mein Arm!«

Im Keller stand ein Kompressor, um Pressluftflaschen für Tauchgänge zu füllen. Ich blieb beim Schnorcheln, schwebte über einer Nixenwelt, über Seesternen, Fischen, schwarzen Seeigeln und dem Seegras, das unter mir wogte wie die Haare der Sirenen. Es gab nicht nur passende Schwimmflossen, Schnorchel und Maske, sondern auch eine Harpune mit Pistolengriff, die unter Wasser einen Dreizack-Pfeil mit Hilfe eines Gummizugs zwei Meter weit schoss.

Beim Tauchen schmerzten mir die Ohren. Ich informierte mich in einem Buch aus der Hausbibliothek über das Tauchen, seine Gefahren, über solche Schmerzen und den Druckausgleich. Ich übte mich darin, mit zugehaltener Nase zu pressen, bis der Schmerz in den Ohren nachließ und ich tiefer tauchen konnte. Ich traf mit dem Dreizack des Harpunengewehrs sogar einen kleinen Tintenfisch, dessen Todeskampf eine schwarze Wolke verhüllte. Später gab es Spaghetti alla Seppia. Andere Beute machte ich nicht. Die silbern glänzenden Augenbrassen erwischte ich nie. Sie waren zu flink. Als der Dreizack-Pfeil der Harpune nicht nur sein Ziel verfehlte, sondern ich ihn einmal nach langem Suchen nur mit Mühe bergen konnte, gab ich die Jagd auf.

Dann entdeckte ich zwei Schinkenmuscheln, die in einer Tiefe von vielleicht zehn Metern im Sand steckten. Es gelang mir nach einigen Versuchen, eine davon hochzuholen. Sie war längst nicht so schön wie unter Wasser. Ich hatte mich an den Stacheln verletzt, beim Öffnen mit einem Messer brach die dünne Schale. Ich bereute die blinde Beutelust.

Nachts kam Silke auf nackten Füßen in mein Zimmer. Wir liebten uns auch tagsüber, versteckt auf den Klippen, oder schwammen in die Nachbarbucht, La Cala, wo ein Schweizer ein Bauernhaus gekauft hatte und die Boote der Elbaner lagerten. Sie waren viel mehr nach meinem Geschmack: kräftige Holzboote, die man rudern konnte, wenn der Tuckermotor mittschiffs aussetzte.

*

Tante Gisela hatte das Grundstück über der Calletta von zwei Brüdern gekauft, die sommers mit ihren Familien in den *cantine* lebten – Einraumhäusern mit einer großen, zweiflügeligen Tür und einem Vorhang, der den Schlaftrakt von dem Bereich trennte, in dem gekocht wurde. Das Wasser kam aus Zisternen. Das Leben spielte sich im Freien ab, unter einer von Reben bedeckten Laube vor dem Häuschen.

Der ältere Bruder hieß Ernesto, der jüngere Livio. Livio war ernst und reserviert, vielleicht, weil er eine sehr schöne Tochter hatte. Ernestos und Concettas Kinder lebten mit ihren Familien im Dorf. Ernesto schien sich über jeden Besuch zu freuen, der ihm Gelegenheit gab, die Arbeit zu unterbrechen und mit uns ein Glas von dem goldgelben Wein zu trinken, der das Einzige war, was wir bei ihm kaufen durften. Ernesto war etwas schwerhörig und sprach langsam. Concetta, fleißiger und energischer als er, war schneller und entsprechend schwerer zu verstehen.

Wir versuchten vergeblich, die Tomaten zu bezahlen, die immer im Überfluss bereitlagen. Ich ahnte nichts von der Melancholie, welche die Arbeit der letzten Bauern in den Weinbergen prägte. Ihre Kinder würden das unrentable Gewerbe nicht mehr weiter betreiben.

In einem der Einraumhäuser auf dem Anwesen lagerte der Wein in zwei großen Fässern; eines war von Ernesto, eines von Livio. Wenn der Händler den Wein gekauft hatte, wurde er mit einem Schlauch zu einem Tankboot geleitet, das in der Calletta ankerte.

»Man verdient wenig, sehr wenig für die viele Arbeit«, sagte Concetta.

»Was willst du«, dagegen Ernesto, »wir brauchen doch kein Geld, Wein haben wir im Überfluss, Tomaten und Bohnen aus dem Garten, Öl von den Oliven, Fische aus dem Meer, gelegentlich ein Kaninchen. Wer Geld braucht, ist nie zufrieden. Wenn er eine Yacht hat, die zehn Meter lang ist, möchte er eine, die zwanzig Meter lang ist.« Er streckte den linken Arm aus und markierte mit der rechten Hand die zehn und die zwanzig Meter.

*

Im Winter berührten die ersten Sonnenstrahlen das Haus in der Bucht erst gegen Mittag. Gisela hatte den Platz im Hochsommer ausgesucht, wenn der Weinberg in der geschützten Buch bezaubernd war und jeder Schatten suchte. Aber sobald die Tage kürzer wurden, war das Haus in der Calletta feucht. Oben bei Ernesto gab es auch im Herbst noch Sonne und keinen Salznebel, der Metall zerfraß und Schimmel in jedes Stück Stoff trieb, das den Winter über im Haus blieb.

Unter der Weinlaube vor Ernestos Cantina standen ein Tisch und vier roh gezimmerte Stühle mit aus Binsen geflochtenen Sitzen. Hier saßen wir fast jeden Tag eine Stunde, tranken Wein und plauderten. Ernesto hatte etwas von der stillen Unverwüstlichkeit alter Bauern; er erinnerte mich in seinem gelassenen Trotz gegen alle Aufregungen seiner Frau an meinen Großvater in Deindorf.

Concetta hätte in ihrer Jugend die Carmen geben können. Sie sah aus wie eine Korsarenbraut – eine leichte Hakennase, glänzende schwarze Haare, in die sich jetzt weiße Strähnen mischten, scharfe dunkle Augen. Sie hielt sich wie eine Königin, blickte streng um sich und konnte herzerwärmend lächeln.

Es war Knochenarbeit in den schmalen Zeilen der Weinberge. Die in der Macchia angelegten Trockenmauern boten keinen Platz für Maschinen, selbst wenn die beiden das Geld gehabt hätten, welche zu kaufen. Die Reben wurden mehrmals gehackt und zweimal beschnitten, jede Traube von Hand geerntet und auf dem Rücken des Esels zur Cantina gebracht, das alles für vielleicht zweitausend Mark Erlös, sobald der Wein im Fass gereift war, in einen Schiffstank floss und wahrscheinlich zu billigem Bauerntrunk verschnitten wurde. Marketing? Etikettierte Flaschen? DOC – *Denominazione di origine controllata?* Nichts davon. Ernesto war vielleicht einmal in seinem Leben in Livorno gewesen. Er hasste das Festland und seine Regeln.

In die Cala, die große Bucht neben der kleinen, La Calletta, die dem Haus seinen Namen gegeben hatte, mündete ein Bach, an dessen Ufern Concetta und die anderen Bauern Gärten angelegt hatten. Das Wasser wurde gestaut und in die Beete geleitet. Tomaten, Auberginen und Bohnen wurden mehrmals im Jahr geerntet, es gab so viel, dass Concetta sagte, wir sollten uns nur holen, was wir brauchten, es sei genug da.

Zwischen Wanderungen und Schnorchelgängen las ich Bleulers *Lehrbuch der Psychiatrie*, um mich auf die Diplom-Prüfung vorzubereiten, und schrieb Artikel für *Selecta*. Ich korrespondierte in gesuchtem Italienisch mit Dino Pavolini und bat ihn, das *essiccatoio per il tobacco,* jenes neu errichtete, für uns aber nutzlose Trockenhaus aus dem *compromesso* zu streichen und uns dafür Haus und Grund für 1,2 Millionen Lire zu überlassen, etwa achttausend Mark. Dino war einverstanden, schickte aber keine neue Urkunde.

*

Wir wanderten nach Marciana Alta und weiter auf den höchsten Gipfel der Insel, lasen die Texttafeln über Napoleon und freuten uns, wie Liebende das tun, über die Gedenktafel an einem Haus, in dem sich Napoleon ein letztes Mal mit seiner polnischen Geliebten Maria Gräfin Walewska getroffen hatte. Sie holte sich später sogar von den Engländern die Erlaubnis, ihn auch auf St. Helena besuchen zu dürfen, starb aber kurz vor Antritt der Reise im

Jahr 1817. *Tempo di Napoleone* pflegte Ernesto zu sagen, wenn er auf etwas Altes zeigte, beispielsweise auf die Weinpresse, die mittels eines langen Hebels und eines Flaschenzugs funktionierte, durch den ein Felsbrocken an einem Ring hochgezogen wurde.

An einem Abend fiel mir auf, dass die Brandung wie faules Holz leuchtete. Ich warf Steine ins Meer; wo sie auf die Wasseroberfläche trafen, tanzten Flammen. Wir zogen uns aus, setzten die Tauchmasken auf und stiegen nackt in die dunkle Bucht. Wo immer das Wasser bewegt wurde, begann es zu glimmen. Silkes Körper war, als sie mir entgegenschwamm, in Feuer getaucht. Ich spürte den Drang, zu urinieren, schwamm etwas abseits und ließ los: ein feuriger Strahl, wie der Samen des Zeus über Danae.

Wir küssten uns, unsere Leidenschaft schien sich mit der Erregung des Elements zu steigern. Aber der Kies glitschte, es war zu unbequem, wir gingen an Land. Meeresleuchten, las ich am nächsten Tag, wird durch mikroskopische Algen verursacht.

*

Der Abschied von Elba fiel mir schwer. Jetzt fing alles wieder an, die Sorge um das Auto, das auf einen Hangparkplatz angewiesen war, die Heimfahrt, der Spagat zwischen Schreiben und Studium. Wir wanderten ein letztes Mal die Küste entlang, steigerten durch die stille Wucht der Trennung die Intensität der Schönheiten von Meer und Klippe, Bucht und fern blauenden Umrissen von Korsika und Capraia. Wir begleiteten das intensive Grün der tief eingeschnittenen Bachbetten mit ihren Gärten im dichten Geschling und hätten so gerne einen der von Feigen und Maulbeerbäumen umstandenen Feldkeller von Ernesto und Livio für immer besessen. Da waren die Weinberge, die in hellgrüner Schraffur der dunklen Macchia abgerungen waren, die Blüten der Myrte, die Früchte des Erdbeerbaums *Arbutus unedo*. Bäumchen *Eine esse ich*. Wer die Frucht kostet, isst keine zweite. Sie sind ein wenig süß, aber ansonsten fade und fast widerlich, genießbar, aber kein Genuss.

Dann waren wir im Hafen von Marciana und holten das Gepäck, den Hund und die Katze mit dem Schlauchboot wieder aus der Calletta. In Piombino fand ich den Mercedes. Er sah erbarmungswürdig aus, fast unkenntlich unter einer dicken Staubschicht. Die Türklinken hingen wehmütig herab. Ein Reifen hatte fast alle Luft verloren. In der Zwischenzeit war der Gehsteig erneuert worden, daher der Schmutz. Die Lenkradschaltung war schon immer ausgeleiert gewesen. Jetzt konnte ich den ersten und dritten Gang nur einlegen, wenn ich verhinderte, dass die Schaltstange aus ihrem Lager unterhalb des Lenkrads sprang. Dazu musste ich mit dem Knie lenken, mit der rechten Hand schalten und mit der linken die Stange festhalten.

Eine Frau kam aus der Tankstelle herüber. Sie brachte ein Bündel Landkarten und das Bordwerkzeug mit. »Die Kinder haben in dem Auto gespielt, bis wir es ihnen verboten haben. Die Sachen haben wir herausgenommen, damit sie nicht wegkommen.«

Ich löste die Handbremse und schaltete die Zündung ein. Zäh setzte sich der Mercedes in Bewegung und gewann an Tempo. Der Reifen, in dem zu wenig Luft war, machte ein mahlendes Geräusch. Ich hakelte den dritten Gang ins Getriebe und kuppelte aus. Der Motor sprang an. Ich wendete, fuhr zu der Tankstelle und füllte Luft nach, während der Motor lief. Im Kofferraum lag noch ein Kanister, in dem Dieseltreibstoff aus dem Keller meiner Mutter schwappte.

XV

Wir machten sicherheitshalber nur an Orten Rast, wo Gefälle den Notstart sicherte. Mit der durch die längere Fahrt aufgefrischten Batterie sprang der Motor gut an. Ich setzte Silke und Frigga an ihrer Münchner Wohnung ab und fuhr zurück nach Feldafing. Den Mercedes parkte ich ein paar hundert Meter von dem Haus meiner Mutter entfernt, am Rand einer Straße, die zum See hinabführte. Ich rief Xaver an, er könne den Wagen dort abholen. Das Semester begann, der Diesel gehörte wieder ihm. Er hatte einen eigenen Schlüssel.

Die Alltagsroutine hatte mich schnell wieder, im Selecta-Verlag war Arbeit liegen geblieben, ich lernte für die Diplom-Prüfung, schrieb Klausuren, besuchte die Therapiewoche in Karlsruhe und schrieb Artikel darüber. Unterdessen wurde der Besitzer einer Villa an der Seestraße misstrauisch. Da stand ein schwarzer Mercedes 170 DS, der bessere Tage gesehen hatte, seit Tagen am Straßenrand. Bereiteten Einbrecher einen Raubzug vor? Er rief die Polizei. Diese ermittelte Xaver als Halter und wandte sich an ihn.

Angeblich war ich nicht erreichbar. Sonderlich intensiv kann Xaver nicht versucht haben, mich zu verständigen. Zusammen mit seinem Bruder holte er den Wagen ab. Sie beschlossen, die gemeinsame Nutzung zu beenden. Der Wagen wurde repariert und verkauft. Die Reparatur sei teuer gewesen, der Erlös habe nur die Unkosten gedeckt, sagte Xaver und ließ durchblicken, ich habe das Auto verkommen lassen. Mir war klar, dass das nicht ganz falsch war und ich keine Abrechnung verlangen konnte.

Diese Episode bestärkte Silke und mich darin, das Haus in Italien aus eigener Kraft zu kaufen. Anfangs hatten wir geplant, Xaver zu fragen, ob er sich beteiligen wolle. Wir brauchten ein Auto, dessen Reparaturen finanzierbar waren. Sobald im nächsten Frühjahr die Semesterferien begannen, würden wir den Vertrag mit Dino Pavolini unter Dach und Fach bringen. Ich fand einen grauen VW-Käfer mit Seilzugbremsen und nicht synchronisiertem Getriebe. Aus zweiter Hand kostete er neunhundert Mark. Die Treibstoffquelle im Keller des mütterlichen Hauses war versiegt. Ich besorgte mir eine Reparaturanleitung, »Jetzt helfe ich mir selbst!«, und eine Fettpresse, um die Vorderachse abzuschmieren, was alle 2500 Kilometer vorgeschrieben war. Im Winter regulierte ich mit Hilfe von Silberpapier die Klappen, welche im Sommer die erhitzte Luft aus dem Kühlgebläse nach außen leiteten. Der dafür zuständige Seilzug war eingerostet. Das stand nicht einmal in dem schlauen Buch.

An einem Käfer ging wenig kaputt, und das Wenige konnte ich zum Teil selbst reparieren. Endlich kein rinnender Kühler mehr, keine versagenden Öldruckbremsen, keine defekte Zentralschmierung, kein verkommener Luxus.

*

Im Frühjahr 1966 fuhren wir wieder nach Italien zu Regina Monducci. Ich war jetzt Diplom-Psychologe und bereitete eine Promotion vor, für die ich in der kunsthistorischen Bibliothek in Florenz alles exzerpierte, was es dort an Quellen über den Ödipus-Mythos gab.

Silke versuchte, Dino zu erreichen. Er sei in Kur, hieß es. Sie rief Paolo an. Sein Bruder sei an einer Depression erkrankt. Dino könne zurzeit gar nichts entscheiden. So klagten wir der Signora unser Leid über den zerstobenen Traum von der *casa colonica*, erschwinglich für arme Studenten. Ein junger Mann saß in der Küche. Ruggiero trug eine Frisur wie Elvis und ein Goldkettchen am Handgelenk, an dem Hufeisen, Kleeblätter, Babyschuhe und Paprikaschoten klimperten, Glücksbringer zuhauf. Er war ein Verwandter von Signora Monducci. Er kam aus dem dreißig Kilometer nördlich von der Stadt am Arno gelegenen Mugello, dem Gegenstück zum bekannteren Chianti. Es war ebenso schön, vielleicht ein wenig wilder.

»In Vicchio kann ich euch Häuser um eine Million Lire besorgen, kein Problem«, sagte Ruggiero. Das waren sechstausendvierhundert Mark. Zu schön, um wahr zu sein, aber einen Versuch wert. So lenkte ich einige Tage später den VW auf der Via Bolognese nach Norden, bis zur Kreuzung bei San Piero al Sieve, wo die Straße in das Sievetal abzweigt und das Mugello beginnt. Wir fuhren weiter über Borgo San Lorenzo nach Vicchio.

Wir fanden Ruggiero und seine Frau Giulietta in dem Örtchen und folgten ihrem Cinquecento über eine bucklige Brücke nach Pontavicchio. Von dort ging es zu Fuß weiter, auf einem Ziehweg zum Abtransport von Holz unter Eichen. Nach einer Viertelstunde kamen wir zu dem ersten Haus, einem lang gestreckten Gebäude, davor ein Platz mit zwei großen Trögen aus dicken Brettern. Die Erde war durchwühlt; Reben und Oliven schienen in einem kläglichen Zustand, aus dem Kamin zog ein Rauchstreifen. Unter einem Gerüst aus mit Draht zusammengebundenen Rundhölzern, auf dem eine dicke Strohschicht lag, waren zwei Hunde angebunden. Ihr Bellen lockte den Schweinehirten aus dem Haus, einen kleinen, knorrig gebauten Mann mit kurzen weißen Locken.

Das war Otello Sorbi, den alle hier den *Galletto,* den kleinen Gockel, nannten. Ruggiero erklärte ihm unser Anliegen. Sogleich holte Otello einige Gläser und eine Flasche Wein, reines Naturprodukt – *fatto da uva, non in cantina* (aus Trauben gemacht, nicht im Keller fabriziert), sehr herb.

Jederzeit, sagte er, könnten wir sein Haus haben, die Schweine-zucht würde sich ohnehin nicht lohnen, er mache das nur aus Freude an den Tieren, sie lieferten den besten Schinken und Speck. Seine Schweine würden den ganzen Tag frei im Wald herumlaufen, und abends mäste er sie mit den Schlachtabfällen, die seine Frau aus dem Dorf bringe.

Er lud uns in sein Haus ein. Wir traten gleich in die Küche. Im Kamin hing über einer kräftigen Glut ein Blecheimer, in dem Undefinierbares brodelte, die Abendmahlzeit der Schweine. Da-hinter zwei Zimmer, kaum möbliert, nur in einem ein Bett mit zerschlissener Matratze. »Ich lebe im Dorf. Hier bin ich nur, weil ich die Tiere liebe. Ich bin *coltivatore diretto,* kein *mezzadro.* Ich wirtschafte direkt, bin kein Halbpächter in Abhängigkeit von einem Grundbesitzer. Das Haus ist fest, es ist stehen geblieben bei dem Erdbeben von 1919, im Backofen steht die Jahreszahl 1860.«

Der *Galletto* hörte nicht auf zu reden; der Spitzname passte: ein kleiner, laut krähender Hahn. Wir könnten einziehen, Platz sei genug da. Und wenn wir ihm eine Zweitfrau aus Deutschland mit-brächten, die, wie Silke, bereit sei, hier im Wald zu leben, umso besser. Seine Frau wolle im Dorf bleiben. Aber das Leben dort sei nichts für ihn.

Später erfuhr ich, dass der *Galletto* während des Krieges als Zwangsarbeiter in Deutschland gewesen war. Er schilderte das auf seine Art: Da habe der Capo gefragt, wer zwei Säcke Zement tra-gen könne und nicht nur einen? Und da habe er sich als Einziger gemeldet und die zwei Säcke getragen, und der Capo habe gesagt: Du guter Mann!

Heute denke ich, dass er traumatisiert war und deshalb das Dorfleben nicht ertrug. Die Menschen, die uns später in unserer neuen Heimat mit lebhaftem Interesse begegneten und den Kon-takt zu uns suchten, lebten alle am Rand der Dorfgemeinschaft.

Das zweite Haus lag zehn Gehminuten über dem des *Galletto*. Von der Südmauer aus sah man weit über die Ebene bis zu den Hügeln des Apennin, über verwilderte, als Schafweide genutzte Felder und kleine Baumgruppen hinweg. Zum Tal hin war es zweistöckig, an der Eingangsseite einstöckig. Der grün gestrichenen, massiven Holztür gegenüber stand die *capanna*, eine Hütte mit zwei gewölbten Bögen und einem winzigen, vergitterten Fenster neben der zweiflügeligen Tür zum Weinkeller.

Die Fenster blickten gegen Westen und Osten; im Osten waren sie durch Eisengitter geschützt; im Westen, über den Ställen, von langen Blöcken aus dem grauem Sandstein umrahmt, der in Florenz *pietra serena* genannt wird.

Es war ein Traum von einem Haus. Wir beschworen Ruggiero, sein Versprechen wahr zu machen, es uns für eine Million Lire zu vermitteln.

»Wenn ich dort mit dir leben soll, müssen wir heiraten«, sagte Silke. »Die Menschen hier sind so. Ich würde mich schämen. In der Stadt ist das anders.«

»Meinst du wirklich?«, sagte ich.

*

Die Nächte in Signora Monduccis Zimmer waren trotz des Bemühens um Knaus-Ogino-Verhütung nicht ohne Folgen geblieben. Silke war schwanger. Wir verlobten uns im Juni. Hochzeitstermin war der 11. Juli 1966. Frigga hatte mir angeboten, bei ihr einzuziehen, in das Zimmer, das bisher Silke allein bewohnt hatte. Dazu musste einiges umgeräumt werden. Mitten in diesem Umzug bekam Silke Blutungen; ihr Gynäkologe diagnostizierte eine Fehlgeburt. Jetzt *mussten* wir nicht heiraten – aber wir heirateten trotzdem.

Tante Gisela hatte sich spontan bereit erklärt, unsere Hochzeit auszurichten. Trauzeugen waren meine Mutter und Silkes Schulfreundin Melitta. Es gab Kalbsfilet und Sekt. Silke trug ein hellgrünes Sommerkleid, das wie angegossen saß und bis auf interessante schräge Nähte ganz schlicht war. Eine Freundin von ihr, Modistin in Florenz, hatte es geschneidert. Mein schwarzer Anzug kam von C&A und hatte 98 Mark gekostet. Hochzeitsgeschenke waren Teile für ein Tee-Service aus Nymphenburger Porzellan. Den Brautstrauß hatte meine Mutter von der New Dawn-Kletterrose an der Dachrinne ihres Hauses geschnitten. Von Tante Nina kamen ein Scheck über tausend Mark und ein Topf aus weißem Porzellan mit Luxus-Pralinen. In einem unbewachten Moment sprang Sascha auf den Schreibtisch und leerte den Topf. Ertappt, verzehrte er den Rest unter dem Bett.

Wir suchten Biedermeiermöbel, fanden einen Sekretär und ersteigerten einen großen Kleiderschrank bei Weinmüller, alles zusammen für ungefähr dreihundert Mark. Der Schrank war aus Eiche, zwei Säulen trugen einen großen Dreiecksgiebel. Ich zerlegte ihn und wollte ihn mit einer einzigen Fuhre auf dem Dach des VW-Käfers transportieren.

Als wir ankamen, war der Träger zusammengebrochen; die Last ruhte in einer tiefen Grube im Autodach. Ich schalt mich für meinen Geiz. Da hatte ich eine Fahrt gespart, aber das Auto ruiniert. Resigniert schleppte ich Stück für Stück zum Aufzug und schraubte den Dachträger ab. Da sprang das eingebeulte Dach ganz ohne mein Zutun mit einem sanften Ton zurück in die vertraute Buckelform.

*

Ich hatte nach meinem Abschluss sogleich dafür gesorgt, dass aus dem cand. phil. Wolfgang Schmidbauer im *Selecta*-Impressum ein Dipl.-Psych. Wolfgang Schmidbauer wurde. Ich war zu Albert Görres gegangen, der damals eben eine Professur für klinische Psychologie in München angetreten hatte. Ich schlug ihm mein Thema für eine Doktorarbeit vor und überzeugte ihn, ein Promotionsstipendium für mich zu beantragen. Die Nebenfächer hatte ich mir auch schon ausgesucht: Psychopathologie bei Detlev Ploog vom Max-Planck-Institut für Psychiatrie und Pädagogik bei Hans Schiefele.

Ildar Idris, der Herausgeber von *Selecta,* lud mich ein, zum Mikrobiologenkongress nach Moskau mitzukommen. Wir sollten mit dem neuen Verlagsauto, einem Opel Admiral, fahren, den der Chef (Nachfahre von Krimtataren, in Deutschland geboren) seiner Moskauer Verwandtschaft zeigen wollte.

Das Abenteuer überforderte meine Angstabwehr, vielleicht weil mich der Tod meines Vaters 1944 in genau jener Ukraine, die wir jetzt durchqueren sollten, mehr erreichte, als ich wahrhaben wollte. Auf dem Weg nach Kiew bemerkte ich, dass ich tagsüber nicht mehr urinieren konnte. Es ging einfach nicht, ich war zu angespannt. Ich schämte mich, als ich mein Symptom den anderen erklärte. Mein Chef, studierter Mediziner, bemerkte nüchtern, die Blase würde überlaufen, aber nicht platzen, was meine größte Angst war.

Sobald wir abends angekommen waren und ein Hotelzimmer bezogen hatten, gelang es mir mühsam, meine Blase zu entleeren. Auf der Fahrt verharrte ich in stiller Panik. Wir fuhren auf leeren Straßen entlang endloser Felder voller blühender Sonnenblumen, vertrieben gelegentlich hupend einen Laster von der Straßenmitte, wurden von Milizen an Sperren mit Schlagbaum und Sandgraben kontrolliert. Über viele Kilometer war nur ein Fahrstreifen benutzbar: Neben der Spur für die Autos wurde die Getreideernte getrocknet. Die Fahrt dauerte nicht zuletzt wegen der Suche nach den seltenen Tankstellen, an denen es Superbenzin gab, viel länger, als Idris geplant hatte. In Kiew brachten wir ihn zum Flughafen, damit er pünktlich zur Eröffnung des Kongresses in Moskau war.

Der Kongress tagte in der Lomonossow-Universität. Wir wurden in den Studentenquartieren des stalinistischen Wolkenkratzers untergebracht und in der Mensa schlecht und recht verpflegt; grauenhaftes Porridge zum Frühstück ist mir in Erinnerung geblieben.

Umso luxuriöser – mit Kaviar, Schinken und Krimsekt – war der Empfang für die Kongressteilnehmer im großen Saal des Kreml. Der Präsident der mikrobiologischen Fachgesellschaft, ein Franzose, eröffnete das Buffet mit dem Hinweis auf die Mikroben, Hefen und Schimmelpilze, welche Wein und Käse zu den Köstlichkeiten machten, die wir hier genössen.

Während des Kongresses stritt ich mit dem Chef. Ich war davon ausgegangen, dass mir die Tage als Arbeitszeit angerechnet würden. Immerhin fotografierte ich für den Verlag und sammelte Informationen für Berichte. Idris meinte, ich sei aus touristischem Interesse mitgekommen, er könne mir allenfalls ein paar Stunden anrechnen. Jetzt war mir Moskau verleidet.

Idris wollte nach Leningrad fahren und von dort eine Fähre über die Ostsee nehmen. Wir brachen auf. Ein gutes Stück außerhalb von Moskau stellte er fest, dass er die Autopapiere vergessen hatte. Wir mussten zurück. Ich verlor die Geduld. Statt auf ihn zu warten, organisierte ich meine Heimreise mit der Eisenbahn über Warschau und Ostberlin. Im Abteil saß ein Arzt aus Tiflis in Georgien, der gut Deutsch sprach. Er diente in der Roten Armee, arbeitete in einer Kaserne der Besatzungstruppen in der DDR und kehrte eben von einem Heimaturlaub zurück.

An einem Bahnhof wurden kümmerliche Pfirsiche angeboten. Der Georgier erzählte vom Schwarzen Meer, wo viel schönere Früchte gedeihen würden, von Melonen, denen mit chirurgischem Besteck Cognac injiziert werde, von der Isolation der russischen Besatzungstruppen in Deutschland.

Abends wurden Sitze von der Decke geklappt, sodass sich die sechs Personen im Abteil ausstrecken konnten. An der polnischen Grenze wurde der Zug auf die andere Spurbreite umgesetzt. In Ostberlin überstand ich die Kontrollen. In Westberlin organisierte ich mir am Bahnhof Friedrichstraße ein billiges Hotel. Um ein Haar hätte ich es gar nicht erreicht, weil ich mitten in die Absperrung gegen eine Demonstration von Studenten geriet und die uniformierten Polizisten mich erst nach längerem Flehen und Erklären durchließen. Ich fand das Hindernis nur lästig. Ich wollte nach Hause.

*

Siso hatte aus Rom einen großen Strauß roter Gladiolen zur Hochzeit geschickt und Silke eingeladen, während der Sommerferien, die er in Süditalien verbrachte, seine Wohnung hinter dem Justizpalast in Rom zu nutzen. Ich wunderte mich, dass er nicht beleidigt oder eifersüchtig war. Später verdächtigte ich ihn, er habe zu viel von Silkes Problemen miterlebt, um sie mir nicht erleichtert abzutreten.

So führte uns unsere Hochzeitsreise nach Rom. In jenem Sommer 1966 zog ein selbstvergessenes Paar jeden Morgen an der Rustico-Fassade des Justizpalastes vorbei zum Tiber. Unsere Lieblingsorte besuchten wir immer wieder: den Schildkrötenbrunnen, die Innenhöfe der Palazzi, die frühchristlichen Basiliken, die Piazza Farnese, die Thermen des Caracalla, die Piazza Navona, das Pantheon. Den Vatikan mieden wir, desgleichen seine Museen.

Auf dem Rückweg von Rom nach Florenz waren wir mit Tante Nina in Roccamare verabredet. Ich hatte schon nach dem ersten Besuch in der Villa des Verleger-Paares in Harlaching jede Hoffnung aufgegeben, in meinen keimenden Ansprüchen, ein Buchautor zu werden, vom Kindler-Verlag unterstützt zu werden. Onkel Helmut überließ die Konversation seiner Frau. Mit 25 urteilt man weit unbarmherziger über den Versuch, nach dem sechzigsten Geburtstag noch ein rothaariger Vamp zu sein, als ich das gegenwärtig tun würde.

Nina trug ein Kleid aus weißer Seide, mit Glasflitter bestickt, nicht die von Silke angekündigten rosafarbenen Seidenhosen. Ihre

Haare hatte sie karottenrot gefärbt, ein Collier verbarg die Halsfalten, die großen Ringe an den Händen unterstrichen ein feines Zittern. Sie redete viel, nur von sich selbst, ein wenig verächtlich, als wiederhole sie längst Bekanntes. Sie hatte alle Schlagzeilen gemacht, die Leute eingestellt, sie bei ihren familiären Problemen beraten, sie nach ihrem Schriftbild im Aufzug erkannt. Willi Brandt identifizierte ihr graphologischer Blick als Kanzler, als er noch einfaches SPD-Mitglied war. Sieben Jahre sei sie bei Gustav Richard Heyer in Lehranalyse gewesen, obwohl sie ihn am Schluss nicht mehr habe leiden können, weil er ja Nazi gewesen sei.

Das Haus des Verleger-Ehepaares lag direkt am Meer. Beim Baden in der Brandung glitt mein Ehering vom Finger. Ich tauchte danach, sah nur Schaum und treibenden Sand, gab auf. Wir trugen die Ringe von Silkes Großeltern; Frigga hatte sie neu gravieren lassen. Seit diesem Tag im Sommer 1966 liegt der einstige Ehering des Freiherrn von Vietinghoff, dem Geschäftsführer des Alldeutschen Verbands, im tyrrhenischen Meer. Silkes Tante machte ein Böse-Fee-Gesicht. Das bedeute Unglück. Wir sollten aus Silkes Ring zwei schmale Ringe machen.

Wir spotteten über den Aberglauben. Silke wusste eine bessere Lösung. Wir machten in Florenz Station und gingen zu einem Goldschmied, den ihr Cionini empfohlen hatte. Er arbeitete am Brückenkopf des Ponte Vecchio und fertigte für zweihundert Mark eine Kopie des verlorenen Ringes samt Gravur.

*

Mein Psychologie-Diplom war durch praktische Erfahrung ungetrübt; die drei sechswöchigen Praktika hatte meine gnadenlose Besserwisserei unbeschadet überstanden. So urteilte ich hämisch über Tante Nina in Rosa und Flitter. In Florenz trafen wir Siviero wieder. Er lud uns zum Essen in eine *bettola alla moda,* eine gerade moderne Bude im Chianti ein; er wollte nicht selbst fahren, wir sollten ihn mit dem VW abholen. Ich konnte dem anschlie-ßenden Gespräch schon einigermaßen folgen, sagte aber nicht viel. Wir aßen die Spezialität des Hauses, Kaninchen im eigenen Saft geschmort. Am Ausgang stand eine mannshohe Waage mit einer Skala von der Größe eines Emmentalers. Der Vergleich passt zu einer Geschichte, die Siviero erzählte: von einem Offizier der Faschisten, der beim Rückzug ein Lager mit Käselaiben plünderte. Seine Männer rollten sie den Weg herunter; er trat unten – zack – dagegen, sodass sie kippten und aufgeladen werden konnten.

In Vicchio hatte Ruggiero einen 81-jährigen früheren Gutsverwalter als Makler gewonnen. Signor Bernini kannte die *padrona* »unseres« Hauses, Signora Ferrero in Fiani, das heißt eine geborene Ferrero, die Signor Fiani geheiratet hatte. Bernini geleitete uns zusammen mit Elio, dem gegenwärtigen Verwalter der *padrona*, einem freundlichen Mann mit strahlend blauen Augen, zu dem Haus auf halber Höhe über Vicchio, damit wir es uns auch von innen ansehen konnten. Es war gut aufgeteilt, hatte einen Gang mit Türen zu den einzelnen Zimmern. Am Ende des Gangs mit einem kleinen Nordfenster das Plumpsklo. Der Sitz mit der runden Öffnung zur Grube war nicht aus Holz, wie in Deindorf, sondern aus weißem Marmor mit kleinen grauen Wolken, Carrara-Marmor.

Die *padrona* empfing uns in einer Villa inmitten schwerer schwarzer Möbel. Die Verhandlungen waren kurz und gipfelten in dem strengen Satz: *Bernini, non voglio spese!* Sie wollte die Million netto, die Ausgaben für den Notar sollten wir tragen. Jetzt sahen wir auch das Liegenschaftsbuch und die nummerierten Parzellen. Bernini flüsterte beschwörend, ganz der Schmuser im Bauerntheater: Wenn wir das Haus hätten, verlöre der Grund an Wert. Wahrscheinlich hatte er der *padrona* genauso verschwörerisch und ganz auf ihrer Seite erklärt, das Haus sei nichts wert, verwandle sich in einen Steinhaufen, eine Ruine; das Wertvolle, das Land, behalte sie!

Wir sollten nur das Land unmittelbar um Haus und Capanna bekommen; der Rest war damals an einen Hirten verpachtet. Ich hoffte, dass die drei großen Walnussbäume auf unserer Parzelle standen. Das war der Fall.

Der *compromesso* wurde unterzeichnet, Bernini zählte sorgfältig 50 Scheine mit dem Bild Michelangelos von Daniele da Volterra ab, steckte sie wieder in ihre Banderolen und überreichte sie der *padrona,* die ebenso sorgfältig das Papier unterschrieb. Sie war sofort weniger streng. Sie lobte die *tedeschi precisi,* die genauen Deutschen, und erzählte von ihrem Vater, einem Oberst des piemontesischen Heeres, der eine Frau aus Siena geheiratet habe.

Von allen Städten sei ihr Siena die liebste. Sie sei eine alte Frau. Nie werde es ihr gefallen, dass De Gasperi den *padroni* die *mezzadria,* die Halbpacht, genommen habe. Sie könne Miniröcke nicht leiden – nicht, weil sie zu viel Bein zeigten, sie sei nicht prüde, sondern weil sie die Linie einer Frau brächen. Frauen sollten die Finger von der Politik lassen – da gebe es doch diese verrückte Abgeordnete, die durchgesetzt habe, dass die *case di tolleranza,* die öffentlichen Bordelle, abgeschafft wurden. Und was sei die Folge? Keine Frau könne sich nachts mehr auf die Straße wagen, die Geschlechtskrankheiten nähmen zu, alles wegen einer prüden Frau!

Das Haus sei das schönste ihrer *poderi.* (*Podere* wird in der Toskana ein Wirtschaftshaus mit so viel Land genannt, dass es eine Familie in Halbpacht bearbeiten kann. Der Ausdruck leitet sich von dem lateinischen Wort für »können«, *potere,* her.) Nach dem Erdbeben habe es ihr Cousin mit öffentlichen Geldern neu gebaut – das alte sei zwar nicht eingestürzt, aber er habe es einfach behauptet. Dieser Cousin habe sich mit Bauen bestens ausgekannt, er sei Offizier der Pioniere gewesen.

Der Notartermin war in Vicchio. Ein Florentiner Notar empfing einmal im Monat an einem Donnerstagvormittag in einem

Zimmerchen an der Piazza Giotto. Er war wie Bernini: ein sehr würdiger und eleganter Herr, der mit keiner Miene zu verstehen gab, dass dieses Geschäft zu gering für seinen goldenen Kugelschreiber sei.

Als die *padrona* die zweite Hälfte der vereinbarten Kaufsumme von einer Million Lire in Form eines Barschecks erhalten hatte, fragte der Notar, welchen Kaufpreis er in den *contratto* einsetzen solle. Denn nach dieser Summe werde die Grunderwerbssteuer berechnet. Bernini schlug 300 000 Lire vor. So geschah es. Nach einem Jahr erhielten wir Post vom Finanzamt aus Florenz. Der Wert des Hauses betrage nicht 300 000, sondern 900 000 Lire, dafür müssten wir die Steuer bezahlen. Was wir respektvoll taten.

*

Den September verbrachten wir auf Elba. Wieder stießen Frigga und Sascha in Florenz zu uns. Der Käfer rollte in Piombino auf die Fähre, in Portoferraio auf die Insel und stand eine gute Stunde später auf dem staubigen Parkplatz am Ende der Straße von Marciana Marina nach Westen, die irgendwann Sant' Andrea erreichen würde. Ich nutzte den Wagen nur für die größeren Einkäufe; die Straße in die Calletta war schlecht, und ich fürchtete, einer der spitzen Steine würde einen Reifen durchstoßen.

Meine Gedanken kreisten um das Haus in Vicchio. In einem verlassenen Weinberg am Pfad in die nächste Bucht stand ein verfallener Schuppen. Darin fanden wir zwischen Gerümpel Kopf- und Fußende eines Bettgestells aus Kastanienholz, schön geschwungen, bäuerliches Biedermeier, wenn es so etwas in Italien gab. Ich prüfte die Beschläge. Es musste möglich sein, daraus wieder ein richtiges Bett zu bauen, zwei Bretter als Seitenteile, eine Konstruktion dazwischen, um die Matratze zu tragen. Ich brachte die Hölzer in Sicherheit.

In der Bucht wurden Paletten angeschwemmt. Ich zerlegte sie mit Hammer und Zange. Das gab Bretter für Außenläden. Die brauchten wir, um Dorfbuben daran zu hindern, Fenster einzuwerfen. Das taten sie bei leerstehenden Häusern. War es eine politische Demonstration gegen die *padroni*? Ich wusste es nicht. Schon bei der Besichtigung der Häuser bei San Casciano waren mir die zerschmissenen Fenster aufgefallen, die mit den *ragazzacci*, den bösen Jungs, erklärt wurden. Ich wollte dem Übel vorbeugen, die kostbaren Glasscheiben mit Brettern verschlagen, denn ich traute der Einsicht der *ragazzacci* nicht, dass unser Haus jetzt wieder in Arbeiterhänden sei, nicht mehr Symbol eines Kapitalisten.

Ich hatte mir ein Buch, *Do it yourself*, gekauft und studierte, welche Farben wir verwenden sollten, um die Wände zu weißeln, in welchem Verhältnis ich Sand und Kalk mischen musste, um Mörtel zu erhalten. Silke hatte die Einrichtung aus ihrer Florentiner Wohnung im Lager von Cionini untergebracht. Fürs Erste wollten wir Campingbetten und Schlafsäcke mitnehmen, später die Möbel holen und richtige Betten kaufen.

*

Vor einem Jahr hatte mich auf der Überfahrt von Portoferraio nach Piombino meine Diplom-Prüfung beschäftigt. Ich hatte mich kaum vorbereitet; in den letzten Jahren war mir die journalistische Arbeit wichtiger gewesen als das Studium. Ein Jahr später war das Diplom gemacht, ich war verheiratet und plante meine Promotion. Unten im Bauch des Schiffes stand der mit den Brettern und Teilen eines Bettes auf dem Dach beladene Käfer. Frigga wollte in Florenz bei Signora Monducci bleiben, während wir das Haus winterfest machten.

Ich war stolz auf Silke, die in Jeans und Gummistiefeln durch Vicchio marschierte, den wohlgekleideten Signorine auf der Piazza Giotto die Schau raubte und im schönsten Florentiner Hochitalienisch in der *ferramenta,* dem Universalladen für Werkzeug und Haushaltswaren im Dorf, einen Besen beschrieb, mit dem sie Staub von den Zimmerdecken kehren wollte.

Ich grub mit dem Spaten die einstige, jetzt von Binsen überwucherte Wasserstelle unterhalb des Hauses zu einem Tümpel klaren Wassers aus, in das morgens meist ein oder zwei Frösche sprangen, wenn ich den Tagesbedarf in zwei Eimern holte. Ich nutzte den neu erworbenen *pennato,* das krumme Haumesser mit dem Griff aus gepressten Lederscheiben, um trockene Äste für den Kamin zuzurichten. Die Nächte waren schon kühl, abends und morgens wurde das Feuer der Mittelpunkt unseres Lebens.

Die erste Fahrt mit dem Käfer führte uns hinauf nach Monte Sassi, einem verfallenen *podere* mit einer kleinen Kirche, das auf gleicher Höhe lag wie unser Land; von dort ging es zehn Minuten zu Fuß durch den Wald zu unserem Haus, zu felsig für ein Straßenauto. Der Weg nach Monte Sassi war breit genug, aber ausgewaschen, der Käfer überladen; das Motto »Augen zu und durch« brachte mich zwar ans Ziel, aber die Sorge um den Auspuff war berechtigt gewesen. Tagelang grübelte ich, ob ich anders hätte fahren können, um den Defekt zu vermeiden.

Ich ließ den Auspuff schweißen. Ein Provisorium, er musste eigentlich ausgetauscht werden, ich wollte mir in Deutschland das Ersatzteil kaufen und es selbst anschrauben. Künftig parkten wir bei der Villa der *padrona* und gingen eine gute halbe Stunde mit unseren Lasten durch den Wald. Wir trugen Werkzeug und eine vier Meter lange Regenrinne aus verzinktem Blech samt sichelförmigen Trageisen nach oben. Sie sollte verhindern, dass uns das Wasser vom Dach auf den Kopf tropfte, wenn wir bei schlechtem Wetter aus der Tür traten. Wir entdeckten, dass sich mit dem Strahl aus dieser Dachrinne Eimer schneller und bequemer füllen ließen als durch den Gang zur Quelle; so entstand die Idee, in einem der nicht nutzbaren Ställe eine Zisterne zu konstruieren.

Silkes Möbel aus Florenz, neu gekaufte Matratzen und Bettgestelle brachte Gino, der letzte Halbpächter der *padrona,* mit seinem Kuhgespann. Wir gingen hinter dem zweirädrigen Karren her, den die Steine im Weg nicht störten. Silke trug zwei Bilder unter dem Arm. Ihre Biedermeierkommode und zwei passende Stühle standen jetzt unter der offenen Dachkonstruktion in einem Schlafzimmer mit zwei bequemen Betten. Ich baute in meinem Arbeitszimmer ein Gästebett aus den geschwungenen Hölzern, die wir von Elba mitgebracht hatten. Dann gewann ich weiteres Material für die Inneneinrichtung aus dem *tino,* der Kelter, die im Weinkeller stand. Sie war zwei Meter hoch und zweieinhalb breit, aus dicken Dauben um einen hölzernen Boden gefügt und oben offen. Als hier noch Trauben geerntet wurden, kamen sie zuerst in diese Kelter. Sie wurden durch die Tritte der bäuerlichen Familie gequetscht – das Bild eines *tino* mit fröhlich tretenden Kindern oder spärlich bekleideten, bloßfüßigen Mägden gehört zu den wichtigsten Motiven der ländlichen Malerei. Der Most gärte einige Tage mitsamt den Stielen und Kernen, die nach oben stiegen. Dann wurde er durch eine Öffnung dicht am Bodenbrett des *tino* abgezapft, und der Trester wurde ausgepresst.

Ich schlug mit einem Hammer die eisernen Reifen nach oben; als sich der letzte Reifen lockerte, brach das Fass in sich zusammen. Die Dauben waren ebenso wie der Fassboden aus Kastanienholz und bis in alle Ritzen vom roten Traubensaft gefärbt. Ich baute daraus Tische und Regale.

*

Silke und ich waren Tag und Nacht zusammen. An einem Morgen sollte Gino Ziegel und Zement für die Dachreparatur bringen. Ehe er da war, kamen die Maurer, zwei kleine, kräftige Männer mit je einem Eimer, in dem sich Kelle und Hammer befanden. Da ihnen das Material fehlte, gingen sie in den Wald und kamen fast gleichzeitig mit Gino wieder zurück, prächtige Steinpilze im Arm.

Ich kletterte mit ihnen auf das Dach, beobachtete, wie sie den eingestürzten Kamin flickten und zerbrochene Ziegel auswechselten. Die Unterkonstruktion bildeten durch Mörtel verbundene Terrakotta-Platten; die Ziegel lagen lose darauf.

Die Maurer zeigten mir, wie man die Deckziegel ersetzte und verschobene wieder so anordnen konnte, dass das Wasser ablief. Wenn es ins Zimmer tropfte, erklärte einer der *muratori,* liege es meist an Moos oder Laub, die den Fluss des Wassers störten. Nur selten sei einer der Ziegel zerbrochen. Daher solle man ein Dach alle zehn Jahre säubern, die *tegole,* die buckeligen Deckziegel, abnehmen, und die Rinne der *embrici,* der flachen Ziegel mit aufgebogenem Rand, die schon die Häuser der Antike deckten, mit dem Reisigbesen abkehren. Danach könne man die *tegole* wieder auflegen. Sie sollten die Zwischenräume bedecken und das Wasser in die Rinne der *embrici* leiten, welche das Regenwasser über die Traufe führte.

Nach diesen Anleitungen bearbeiteten wir in den nächsten Wochen das ganze Dach, deckten immer eine Zeile ab, kratzen das Moos und die Flechten von den *embrici* und legten sie wieder auf. In den Ruinen von Monte Sassi fanden wir brauchbare flache Ziegel, mit denen wir die morschen auf unserem Dach ersetzten. Als ich dort eine Ziegelplatte anhob, lag darunter eine dicke Schlange mit einem zackigen Band auf dem Rücken, die ohne Eile zwischen den Scherben verschwand.

Es war nicht meine letzte Begegnung mit einer Viper in Vicchio; alle Begegnungen verliefen harmlos, ebenso wie die mit den schwarzen Skorpionen, die bedrohlich aussehen, aber genau wie die Schlangen scheu sind und nur stechen, wenn der Mensch ihnen einen Schlafplatz streitig macht, den sie sich in Unkenntnis ihrer Gefahrenlage zu eigen gemacht haben. Ich habe das einige

Male erlebt, als ich einen Arm schlaftrunken unter mein Kopfkissen schob; der Schmerz nach dem Stich eines schwarzen Skorpions liegt zwischen Ameisenbiss und Bienenstachel.

Wir strichen die Türen mit weißer Ölfarbe und die Wände mit Kalkmilch, die ich aus gebrannten Kalksteinen (*bianco a zolle* lautete der italienische Name) selbst herstellte, indem ich die Bruchstücke mit Wasser übergoss. Ich musste einen Blecheimer kaufen; der Plastikeimer, in dem ich es zuerst versucht hatte, schmolz zu einem unbrauchbaren Zwerg. Ich hatte vergessen, dass Kalk einen Teil der Hitze des Brennofens speichert. In der *ferramenta,* dem Universalladen für Werkzeug und Haushalt im Dorf, wurden für wenig Geld Glasscheiben nach Maß zugeschnitten, die anschließend ohne Kitt in die alten Rahmen geschoben wurden. Ich kaufte dort auch Drahtstifte und nagelte Fensterläden aus im Wald gesägten Stämmchen und den von Elba mitgebrachten Brettern zusammen.

*

Mit Silke gab es kaum je einen Konflikt. Wir waren voneinander begeistert und bewunderten uns gegenseitig. Ich galt bei meiner Mutter als der handwerklich Ungeschickte. Das war ich neben meinem Bruder in der Tat – aber nur, weil er ein begnadeter Bastler war, der bereits als Schüler Radios zusammenlötete und später als Physiker in einem medizinischen Institut Apparate für die Forschung baute. Jetzt fiel mir oft eine Lösung ein; ich reparierte defekte Türen, schraubte neue Riegel an, setzte Dübel mit Hilfe eines mit einem schweren Hammer eingeschlagenen Steinbohrers. Ich schloss einen alten Küchenherd, den die *padrona* uns geschenkt hatte und den Gino mit den Zugkühen nach oben schaffte, an den Kamin an und durchbrach mit Hammer und Meißel eine halbmeterdicke Steinmauer, um auch einen zweiten Ofen zu setzen. Silke arbeitete sorgfältig mit den Ölfarben für Fenster und Türen und brachte die Terrakotta-Platten in den Zimmern durch geduldiges Putzen und Behandlung mit rotem Wachs auf Hochglanz.

Wir hatten kaum je unterschiedliche Auffassungen über die Einrichtung der Zimmer, die Bilder an der Wand, über Anschaffungen von Bett, Schrank, Topf, Teller oder Herd, über die Farbe, in der eine Tür gestrichen werden sollte, über eine provisorische Lösung durch eigene Bastelei oder »richtige« Handwerksarbeit. Wenn ich Lust auf Sex hatte, war Silke bereit; wenn sie Lust hatte, war ich bereit. Wenn ich ungeduldig wurde, weil sie bei einer Arbeit nicht schnell genug war oder nicht kräftig genug zupackte, zerdrückte sie eine Träne.

Ich sagte dann gleich, so sei es nicht gemeint gewesen. Und sie behauptete, es gehe ihr so gut wie noch nie in ihrem Leben.

XVI

Anfang November 1966 begann es im Mugello zu regnen. Der Regen verstärkte sich zum Trommelfeuer. Da wir unter der Dachhaut schliefen, hörten wir jede Schattierung des Wolkenbruchs. Nachts tappte ich mit einer brennenden Kerze durch alle Räume und war zufrieden, dass es nirgends mehr tropfte. Zum Abschied hatte uns die *padrona* zum Abendessen eingeladen. Danach machten wir uns mit Regenhäuten und Gummistiefeln auf den Heimweg. Wir meinten, den Weg auch blind zu finden, aber es wurde ein unheimlicher Gang, an vielen Stellen rauschten sonst nie bemerkte Sturzbäche über den Weg.

Im Morgengrauen sagte Silke: »Die Ebene ist voll Wasser!«

»Das muss Nebel sein«, sagte ich schläfrig. »Du bist kurzsichtig!«

Es *war* Wasser. Bäume und Häuser ragten aus grauer Flut. Wir hatten gepackt; Silke entschuldigte sich bei dem Siamkater, *povero tobiolo mio,* steckte ihn in den geräumigen Leinenrucksack, den ich von meinem Vater geerbt hatte, und schnürte zu. Wir gingen durch den tropfnassen Wald hinunter zur Villa Poggiolo, wo der graue Käfer stand.

Elio kam uns entgegen. *Oggi non si parte!* Heute reist man nicht! Die Villa war abgeschnitten, das ganze südliche Sieve-Ufer und die Sieve-Brücke nach Vicchio standen unter Wasser. Nur auf der Eisenbahnbrücke konnte man den angeschwollenen Fluss überqueren.

Die *padrona* lud uns ein, in einem Gästezimmer der Villa zu übernachten. Am nächsten Morgen hatte sich das Wasser unter einer bleichen Sonne verlaufen. Über Kies und Schlamm fuhren wir zur Hauptstraße und weiter in Richtung des verwüsteten Florenz.

Es war keine Überschwemmung, sondern ein Chemieunfall. Die Fluten hatten das Heizöl aus den Tanks gedrückt. Wo sich das Wasser verlief, haftete Teer. Auf allen Verkehrsinseln und an den Straßenrändern türmten sich Teppiche, Hausrat, Möbel, geschwärzt, ramponiert – zum Trocken? Oder schon entsorgt? Endlich standen wir vor der Wohnung von Signora Monducci. Frigga und Sascha stiegen ein. Der Hund war so nervös wie meine Schwiegermutter. Sie erzählte aufgeregt, wie sie von ihrem Fensterplatz im zweiten Stock Autos aus Garagentoren brechen und durch die Straßen habe schwimmen sehen. Wieder einmal ärgerte mich Friggas Art, ihre Erlebnisse als absolute Sensation darzustellen, die alle anderen Erlebnisse in den Schatten stellte. Wir waren *abgeschnitten* gewesen, unsere *Dachreparatur* hatte sich bewährt, aber das schien niemanden zu interessieren.

Wir fuhren nach Norden und überholten Karawanen von bepackten Menschen. Florenz hatte Schiffbruch erlitten; die Küstenbewohner bargen ihre Beute an angeschwemmtem Gut. Wie Blattameisen wanderte eine Familie am Straßenrand; jeder hatte einen Stuhl geschultert.

In San Piero, kurz vor der Autobahnauffahrt, tankte ich. Als ich zum Auto zurückkam, bellte mich Sascha vom Rücksitz aus an. Silke wollte den Hund beruhigen; er biss sie in die Hand. Die Wunde war tief; unter dem Blut schimmerte etwas weiß, eine Sehne. Ich brachte sie zu einem Arzt, der ihr eine Injektion gab, die klaffende Haut nähte und die Wunde verband.

In Modena verließen wir die Autostrada del Sole. Bis Innsbruck ging es nun über Landstraßen; die Brennerautobahn war noch nicht gebaut. In Verona dämmerte es; um Mitternacht erreichten wir Bozen. Hier ging es nicht weiter. Ein müder Polizist bewachte eine Sperre. Die Brennerstraße sei überschwemmt. Wir versuchten im Auto zu schlafen, es war eng und wurde kalt. Ich beschloss, über den Reschenpass zu fahren.

Hinter Meran graute der Morgen; es wurde ein sonniger Tag. Ich schob es der Aufregung zu und meiner Müdigkeit, dass Silke immer mehr und immer hektischer redete, Frigga immer stiller wurde – sonst war es eher umgekehrt. Silkes Gedanken schienen um die Bedeutung des Hochwassers zu kreisen, es stecke eine Verschwörung dahinter, ein Versuch der Großmächte, der Amerikaner wie der Russen, Kunstfeinde alle miteinander, Silkes schöne Stadt Florenz zu zerstören.

Abends waren wir in München so beschäftigt mit Auspacken und Umräumen, dass ich sofort einschlief und nicht bemerkte, wie Silke dabei war, sich in eine Welt zu verlieren, in die ich ihr nicht folgen konnte. Zu Beginn ließ sie sich noch ablenken; sie packte aus, sortierte die Wäsche, half Frigga beim Kochen.

Ich habe den Bruch unserer Verbindung dieses erste Mal besser ertragen als später. Ich kannte die Gefahr nicht. Am ersten Tag nach unserer Rückkehr war ich in die *Selecta*-Redaktion gefahren. Ich wollte Texte, die ich auf Elba geschrieben hatte, der zuständigen Redakteurin bringen und neue Arbeit organisieren.

Frigga rief mich an. Sie war voller Angst und machte mir Vorwürfe. Silke sei krank, es sei nicht mit ihr auszuhalten, sie müsse in eine Klinik, sie habe gedacht, diese schwere Last würde ihr jetzt jemand abnehmen, ein Psychologe, aber ich sei einfach zur Arbeit gefahren und habe sie allein gelassen. Ich suchte Frigga zu beruhigen, tastete mit ihr nach Erklärungen: die Aufregung über die Überschwemmung, die Anstrengung der Fahrt, der Hundebiss, die Umstellung von dem freien Leben in Vicchio auf das beengte in der Zweizimmerwohnung.

Aber ich war doch alarmiert genug, um den Rest des Arbeitstages in der Redaktion damit zu verbringen, einen Therapeuten für

Silke zu suchen. Am Max-Planck-Institut gab es bei Professor Matussek eine Forschungsstelle, die solche Behandlungen durchführte. Ich wusste auch, dass Karl Heinhold, seinerzeit mein Praktikumschef in Haar, psychotische Patienten mit Psychotherapie behandelt hatte.

Ich rief im Max-Planck-Institut an – es gab keine freien Plätze. Ich telefonierte mit Heinhold – er hatte keine Zeit, wusste auch niemanden, dem er eine solche Behandlung zutraute. Er kam mir gleichgültig vor, weil er meine Angst und Aufregung nicht teilte.

*

Meine Erinnerungen an diese Tage sind blass und voller Lücken. Aber ich habe damals Tagebuch geführt. Zwei Jahre später, als ich mein erstes Buch über Dynamische Psychiatrie schrieb, plante ich ein Kapitel über die »Behandlung« von Silke Psychose; ich verfremdete Silke zu Simone und behauptete in einem Vorwort zu diesem Text, er sei mir von einem befreundeten Psychologen zur Verfügung gestellt worden.

Die Wahnvorstellungen Silkes mischten Einfühlbares mit Absurdem. Heute finde ich eine prophetische Sensibilität in dem Gedanken, böse Mächte (»die Russen«) würden das Klima kontrollieren, das Wetter steuern und alle Kunst auf der ganzen Erde zerstören, Florenz sei erst der Anfang. Die sanfte Tochter mit Mami hier und Mami da, die Frigga alle Behörden- und BAFöG-Anträge erledigen ließ, überhäufte ihre Mutter mit Vorwürfen. Sie beschimpfte verdammte Eltern, die *ihrer* Generation nichts mitgegeben hätten, um ihr Leben zu bewältigen.

Wenn ich ohne Zeitdruck mit ihr sprach, konnte ich sie anfangs noch beruhigen. Sie reagierte auf banale Situationen mit höchstem Alarm. Als uns Melitta, ihre beste Freundin aus Gymnasialzeiten, besuchen wollte und einen Zettel hinterließ, sie habe uns nicht angetroffen, erklärte sie diese Nachricht zur verwirrenden Geheimbotschaft und rannte durch die Stadt zu Melittas Wohnung, um sie vor Gefahren zu schützen. Sie wollte ein Gedicht über Florenz schreiben und redete von Flüssen, die über Giottos Tod weinen.

Silkes Periode war jetzt eine Woche überfällig. War sie schwanger? Wenn ich nicht in der *Selecta*-Redaktion arbeitete, war ich den ganzen Tag mit ihr zusammen, ging mit ihr und dem Hund spazieren, redete und redete und versuchte sie zu beruhigen. Anfangs gelang es mir oft, sie zu erreichen, sie wurde tatsächlich gefasster. Ablenkung war hilfreich. Wenn wir zusammen einkaufen gingen oder miteinander schliefen, war es manchmal wie immer. Aber dann brach der Kontakt wieder ab, eine gläserne Wand schob sich zwischen uns, sie verrannte sich an mir vorbei in eine Gedankengasse und konnte nicht mehr umkehren.

Sie fürchtete, ein Nachbar, mit dem Frigga befreundet war, würde kommen und mich abholen, er sei von der Gestapo, vom KGB – dann sagte sie plötzlich: »Ich habe Angst, jemand kommt und bringt mich um, weil ich Gott bin!«

Das bot mir die Gelegenheit zu einer Deutung, und ich schämte mich nicht, Silke zuzureden, meinen Einfall nachzubeten: »Eine Hälfte von mir glaubt, dass ich göttlich bin, und die andere Hälfte will mich von diesem Sockel stoßen!«

Ich wusste mir nicht anders zu helfen und fürchtete doch ständig, Silke zu sehr unter Druck zu setzen und schließlich selber als Teil der Gestapo-KGB-Amerikaner-Verschwörung wahrgenommen zu werden, die sie und Frigga verfolgte.

Ein Hund würde Mami auf der Straße anfallen und töten, Sascha sei so aggressiv, geriete an den Falschen, der ihn und Mami killt. Ich würde böse werden, weil ich doch wolle, dass sie arbeite, und sie könne nicht richtig arbeiten und Geld verdienen.

Silke schlief nicht mehr, man sah ihren Herzschlag an der Halsschlagader, ihre Augen hatten den Glanz verloren, die Stimme war rau und noch lauter als sonst. Sie behauptete, ihr Referat zu schreiben, spannte ein Blatt in die Maschine und schrieb nur den einen Satz: »Aber der Novak, der lässt mich nicht verkommen!«[6] Frigga hatte die Psychopharmaka herausgesucht, die ihre Tochter bei der letzten Attacke bekommen hatte. Silke nahm eine Tablette. Sie beruhigt sich nicht. »Es wirkt langsam«, sagte ich. Silke setzte das Röhrchen an den Mund, wollte alle vierzig Decentan auf einmal schlucken.

Frigga gab in allem nach und rief mich dann konspirativ an, um mir die Verrücktheiten ihrer Tochter zu schildern. Silke müsse in die Klinik. So gehe es nicht weiter. Ich schöpfte immer wieder Hoffnung, wenn ich zusammen mit Silke zu verstehen glaubte, was hinter ihren Verwirrungen stand. Sie hatte die Tabletten austrinken wollen, weil alle Arzneimittel vergiftet seien und nicht mehr wirken würden. Das Imex-Haus schräg gegenüber, eines der Münchner Bordelle, sei nur ihretwegen gebaut worden. Als sie gestern in der Wohnung unter der unsrigen gewesen sei, habe ein junger Mann eine Bar gebaut, die von einem Birkenstamm gestützt werde – das sei aber kein Baum, sondern ein raffiniertes Abhörgerät, dionysische Ohren, wie in Syrakus. Das Finanzamt oder die Musterungskommission würden mich ihr wegnehmen.

Ich redete ihr zu, sie solle sich nicht so wichtig nehmen, niemand würde sich die Mühe machen, für kleine Leute wie uns Abhörgeräte zu installieren oder ein ganzes Bordell einzurichten. Ich hatte das Gefühl, mit gefesselten Füßen eine Rasende einholen zu müssen, aber ich versprach mir etwas von meiner Ausdauer und der doch immer wieder aufblitzenden Möglichkeit, mich mit einem Rest an Vernunft mit Silke zu verbünden.

Die nächsten Tage brachten mich an Grenzen, die ich glücklich vergessen hätte, wären da nicht die Notizen[7], etwa eine vom 14. November 1966:

Gestern Abend, als ich von der Arbeit kam, schien es ihr nicht
besser zu gehen, wie ich erwartet hatte, nachdem wir doch fast
alles durchgesprochen hatten. Aber ihre Krankheit produziert
unerschöpflich. Sie begrüßte mich überglücklich und zeigte mir
sogleich einen Zettel, auf dem in mehreren Schriftarten stand:
Grazia Anmut Gnade. Sie sagte störrisch: Das ist doch unsinnig,
dass das Gnade und Anmut heißt! Ich versuchte zu erklären: Stell
dir vor, ein Italiener liest in einem deutschen Lexikon: Wagen =
macchina, osare. Der muss doch auch denken, dass die Deutschen
verrückt sind. Silke fällt ins Italienische, »la lingua è l'odio delle
nazioni« – die Sprache ist der Hass der Nationen. Dann, unver-
mittelt, »Schneeprinzessin ... Scherbe im Auge«[8], starrt mich an,
zeigt auf ihr Auge. Ich frage sie, was das soll, sie findet meine
Stimme hässlich. Ich solle Dialekt reden, bayerisch, das könne ich
doch, »dann ist deine Stimme nicht so unnatürlich!«

Später, Silkes Mutter ist ausgegangen, kommt sie auf mich zu,
starren Blicks, mit verzerrtem Gesicht. »Du liebst doch auch die
Kunst, die Kunst ist doch wichtiger als die Menschen, das ist sie
doch, sag mir, dass du die Kunst liebst, ach Florenz, meine
liebsten Bilder, die Uffizien, meine liebste Galerie.« Ein trockenes
Schluchzen schüttelt sie, sie scheint mir völlig zu entgleiten, doch
wirkt der Ausbruch nicht echt. Ich schlage sie mit der Hand ins
Gesicht – sie starrt mich an, ihre Mimik löst sich, sie beginnt zu
weinen, ich entschuldige mich, sie sagt: »Nein, es war gut, dass du
das getan hast.« Aber schon nach wenigen Augenblicken zerrt sie
mich zu einem Bild an der Wand, einer Reproduktion nach
Filippo Lippi und sagt bebend: »Ist das nicht schön, ist das nicht
besonders schön, aber ich hab es verdorben, als ich Staub wischte,
jetzt ist es ganz trübe ...«

Silkes Verwirrungen mit Härte und Strenge zu behandeln – das
entsprang meiner wachsenden Enttäuschung über die Fruchtlosig-

keit meiner Bemühungen, aber auch der Diagnose einer Bekannten. Sie war Psychologin, mir einige Semester voraus, in einer Ausbildung zur psychoanalytischen Therapeutin. Ich hatte sie bei der statistischen Ausarbeitung einer Dissertation unterstützt und suchte ihren Rat.

Sie behauptete, Silke leide an einer schweren Hysterie mit Dämmerzuständen. Das hätte mich trösten sollen. Ich wusste damals wenig von der Beliebigkeit psychiatrischer Diagnosen. Nach meinem Lehrbuchwissen war es ein Merkmal der Schizophrenie, dass sich der Zustand der Kranken von Schub zu Schub verschlechterte – das Endergebnis hieß in den alten Lehrbüchern *Verblödung*, in den jüngeren *dynamische Entleerung* oder *Defektzustand*. Hysterie ist heilbar. Die Ohrfeige hatte A. J. Cronin in einem Roman als probates Mittel beschrieben, um den hysterischen Anfall zu stoppen.

*

Frigga erreichte endlich den Arzt, der Silke bei ihrem letzten Aufenthalt in Haar behandelt hatte. Er war nach Gabersee versetzt worden. Wir bekamen ein Rezept und einen Plan für die Medikation. Seines Wissens, sagte er, hätten diese Mittel noch nie eine Schwangerschaft belastet. Silke sollte morgens eine Ciatyl-Tablette, eine Mephenamin und 5 mg Valium nehmen; mittags ein halbes Ciatyl und 2 mg Valium, abends wieder ein Ciatyl und 5 mg Valium.

Frigga hatte die Tabletten schon besorgt. Silke schluckte sie brav. Ciatyl wurde damals als Neuroleptikum bei schizophrenen Erkrankungen eingesetzt; Mephenamin sollte die Nebenwirkungen bekämpfen. Valium ist ein starkes Beruhigungsmittel.

Silke schlief wieder – notgedrungen, wird jeder sagen, der die Wirkung solcher Valiumgaben kennt. Ihre Verfolgungsgedanken waren nach wie vor da, aber sie regte sich nicht mehr auf und war zu schlapp, um irgendwelche Aktionen zu planen. Wir holten den

Käfer von einer Reparatur – auf dem Weg fürchtete sie, wir würden das Auto niemals zurückbekommen. Wir schauten auf einem Spaziergang im Auktionshaus Ruef vorbei – Silke war überzeugt, alle Möbel seien gefälscht. Wir besuchten meine Kollegin, die von der Hysterie gesprochen hatte; Silke sah sie kaum an und sagte plötzlich: »Lass uns gehen, sie redet so viel, ich mag nicht mehr hier sein!«

Ich versuchte nach wie vor, mit Silke über ihre Wahnvorstellungen zu diskutieren. Frigga erklärte mir wiederholt, jeder Psychiater könne mir sagen, das sei ganz falsch, man müsse diese Dinge ruhen lassen. Ich trotzte, war aber unsicher geworden. Hatte ich Silke in ihre Psychose getrieben, weil ich sie nicht in Ruhe ließ?

In den folgenden Tagen lebte ich neben einer Vergifteten. Silke schlief viel, bewegte sich träge, hatte einen hartnäckigen, trockenen Schnupfen bekommen, antwortete langsam, aber bis auf seltene Einbrüche vernünftig. Der Konflikt mit Frigga vertiefte sich. Ich meinte in den Stimmungswechseln und Wutausbrüchen meiner Schwiegermutter eine gemäßigte Variante von Silkes Psychosen zu erkennen. Frigga stand für Unterdrückung der Symptome, ich für Befreiung. Heute wundere ich mich, weshalb weder Frigga noch ich auf den Gedanken kam, zu einem niedergelassenen Nervenarzt zu gehen.

Frigga sagte, sie habe nie gewollt, dass ich in ihre Wohnung zöge. Ich sei sehr eingebildet, dabei sei nichts los mit mir, sie sei ja keine Psychologin, aber sie wisse genau, und das würde mir auch jeder Psychologe bestätigen, dass ich Silke in ihrem Zustand niemals hätte anschreien dürfen. Ich hätte Silke völlig falsch behandelt, nur ihre Angst vor mir hindere Silke, mir das zu bestätigen. Neulich, als sie mit mir telefoniert habe, hätte Silke über mich geflucht und gesagt: »Dem habe ich's gegeben«, nachdem sie den Hörer aufgelegt hatte.

XVII

In meiner Erinnerung an diese Tage mischen sich Bilder von Silke mit Texten eines blutigen Anfängers im Therapiegeschäft. Diese Texte wecken heute eine Mischung aus Abscheu, Staunen und Kritik. Dieser Naseweis, der nach großen Worten greift, ohne zu spüren, wie hohl das klingt, soll ich gewesen sein?

Viel muss falsch sein in unserer Gesellschaft, dass so viel Wahnsinn in ihr möglich ist. Ich könnte mir eine noch viel fortgeschrittenere Gesellschaft denken, in der Wahnsinn fast universell ist – bis sie in sich zusammenbricht.

Wenig später heißt es in meinen Notizen weiter:

Liebe hat mit Wahnsinn nichts zu tun, schließt ihn sogar aus, ganz im Gegensatz zu den Auffassungen mancher Denker der Romantik. Da, wo sie mich liebt, ist Silke nie wahnsinnig gewesen. Wenn die Fähigkeit oder Möglichkeit zu solchen Kontakten ganz fehlt, dann wäre ein solcher Mensch wohl rettungslos verloren.

Wortgeklapper, wie mir heute scheint. Die Rede von der Gesellschaft ist aus der Mode gekommen. Immer wieder schrieb ich davon, was ich hätte anders und besser machen können. Wer von seinem Schicksal überwältigt wird, bildet sich ja oft ein, er habe dazu Entscheidendes beigetragen. Das tröstet. Ich hätte sofort aufhören müssen, zur Arbeit zu gehen, hätte auf gar keinen Fall mit ihr in die Wohnung ziehen dürfen, die wir mit Frigga teilten, hätte sie entlasten müssen, stützen, von Anfang an auf dem richtigen Weg halten.

Wenn ich nicht so eifrig Gedanken zu Papier gebracht hätte, müsste ich mich nicht beschämt mit dem Mosaik aus halben Einsichten und Selbstgerechtigkeit beschäftigen, das mir damals angemessen erschien, um mit den Ereignissen fertig zu werden. Ich schrieb, eine Ehe mit einer Frau unter Psychopharmaka sei nicht besser als gar keine Ehe, ich war unempfindlich, wenn ich Silke entwertete – *Autismus würde hier ein Psychiater sagen* –, und gekränkt, wenn sie es mir mit gleicher Münze zurückzahlte:

>*Ich bezweifle, ob du es wirklich so gut mit mir meinst ... ich glaube den Psychiatern mehr als dir, die sind netter. Wenn du nicht netter bist, dann geh' ich jetzt zu Mami ... ich wünsch dir, wenn du so ein Psychologe bist, dass du dein Stipendium nicht bekommst.«*

Ich war überzeugt, dass Frigga der Dämon war und ich der Retter. In Vicchio hatte Silke einen eigenen Haushalt geführt, eine eigene Familie gehabt – jetzt, nach der Rückkehr, sollte sie mit einem Schlag wieder Friggas Traum von einem verjüngten Ich sein.

*

Silke wurde allmählich ruhiger und schließlich ganz gesund. Wir sprachen viel und immer harmonischer über die Krankheit, über den Druck ihrer Kindheit, Frigga den Verlust des Geliebten und der beiden Halbschwestern zu ersetzen. Aus den Aufzeichnungen wird deutlich, dass dieser Prozess alles andere als harmonisch war und ich – ebenso wie Silke – oft daran dachte, aufzugeben und mich zu trennen. Ich konnte mir aber nicht vorstellen, sie zu verlieren. Ich blieb aus Angst bei ihr, nicht aus Liebe, aber nachdem die Angst vergessen war, glaubten wir beide doch, es sei die Liebe gewesen. So war es die Liebe, denn sie hat die Macht, die Verlustangst einzuhüllen und unsichtbar zu machen, wie der Zuckerguss das Mehl im Lebkuchenherzen.

Am 27. November 1966 glaubte Silke, sie sei durch unsere Gespräche gesund geworden; früher habe sich niemand dafür interessiert, was sie alles in ihrer Psychose beschäftigte. Sehr voreilig warf ich mich in die Pose der Selbstkritik:

Ich werde mir nie etwas auf diese Meinung einbilden, ich war mir selbst viel zu wenig sicher und bin es noch. Heilung durch den Geist[9] ist Unsinn; es wäre richtiger zu sagen: Heilung durch Beziehung, wenn Heilung durch Liebe zu pathetisch klingt. Vielleicht macht Liebe auch da sehend, wo wir an ihr verzweifeln. Ein Thema taucht immer wieder auf. Silke wünscht sich, verprügelt oder sonst bestraft zu werden, wenn sie ›spinnt‹; sie sagt, vielleicht hätte das beim ersten Mal, als sie in das Nervenkrankenhaus musste, alles beseitigt – verprügelt, aber mit Liebe und Autorität. Wahrscheinlich empfindet sie, dass die Strafe ihr Über-Ich befriedigen würde, das streng genug mit ihr umspringt, sodass ihr nur der Ausweg in den Wahn übrig bleibt. Sie hat es schwer gehabt als uneheliches, zur Unzeit geborenes Kind im selben Städtchen wie der Vater ihrer beiden Schwestern, ein angesehener Mann. Ich schildere, dass ihr Unbewusstes aussieht wie Tante Nina, die sie als Kind bewunderte und die Frigga so hasste: maßlos gefallsüchtig und anspruchsvoll. Ihre bewusste Persönlichkeit sei eher bescheiden; die verinnerlichte strenge Mutter aber voller vernichtender Kritik. Wenn sie geschwächt sei, wie nach Hundebiss und Reise, erkenne die unbewusste Dynamik ihrer Wünsche überall Möglichkeiten und die strenge Instanz des Gewissens überall Gefahren; das Ich könne beidem nicht mehr gerecht werden und gleichzeitig noch den Kontakt mit der

Realität aufrechterhalten. Es löse sich von der Wirklichkeit und
verstricke sich in Wahnsinn.

Am 28. November steht es ganz anders im Tagebuch und belegt,
dass ich kaum weniger zerrissen war als Silke:

> *Sie ist wieder völlig zusammengebrochen. Ich kann mir augen-*
> *blicklich nur noch zwei Möglichkeiten vorstellen: Entweder sie*
> *kommt wieder in ein Nervenkrankenhaus, oder ich trenne mich*
> *von ihr, kurz und schmerzlos. Wie diese Frau es schaffen wird,*
> *ohne jemand zu leben, der ihre Capricen ernährt, weiß ich*
> *allerdings nicht.*

Erst fünf Jahre später begann ich eine psychoanalytische Ausbildung. Der Versuch, mich durch Selbstanalyse zu trösten, kenn-
zeichnet aber schon das Tagebuch von 1966:

> *Dieses Auf und Ab, ein ewiges Karussell, wird mich auf die*
> *Dauer so aushöhlen, dass kein Raum mehr für mein eigenes*
> *Leben bleibt. (…) Ich habe gewiss viel falsch gemacht, aber gibt*
> *es einen Weg, es richtig zu machen? (…) Ich beklage mich, dass*
> *Silke die Einsicht in ihre Krankheit fehlt, dass sie ihr Leiden*
> *nicht zugibt und sich gegen eine gut gemeinte, aber vielleicht*
> *technisch falsche Therapie sträubt. Was fehlt ihr mit dieser*
> *Krankheitseinsicht? Jeder hat so viel Einsicht, dass er sein Leben*
> *erträgen kann, was Silke an dieser Einsicht nicht mehr ertrüge,*
> *das kommt auf das Schuldkonto und macht ihr schließlich sogar*
> *jede Realität unerträglich, außer der ihres Wahnsinns, einer*
> *rauschhaft neuen Welt imaginärer Bedeutungen. (…) Ich verstehe*
> *es nur zu gut, dass sie sich meiner Hilfe verweigert, die sie nicht*
> *als Hilfe erkennt. Da sie die Realität verließ und in ihrer*
> *imaginären Welt Befriedigung (freilich auch Angst) fand,*

empfindet sie eine Mahnung zur Rückkehr als Bedrohung, der sie sich immer dann entzieht, wenn sie ihr zu nahekommt. Dazu mögen reale Fehler treten in meiner Art, mit ihr umzugehen. Ich mute ihr zu viel zu, fordere sie zu schnell auf, an ihrer Arbeit weiter zu schreiben, während sie doch in jeder Zeile ihr Versagen erlebt. Wenn man nur wüsste, ob man mit diesem Reden und Deuten in einem Menschen Baustein auf Baustein setzt, bis er gesundet, oder ob man nur immer in einem Sumpf stochert, dessen Schlamm sich sofort wieder schließt, wenn man die Sonde zurückzieht.

Die nächsten Jahre zehrte ich von Silkes Heilung und konnte den Verlust meiner Größenphantasie, ein berühmter Dichter zu werden, in die Größenphantasie umprägen, ein Buch über *meine* Psychosentherapie zu schreiben. Das mit Silke durchlebte Chaos sollte sich in einem Versuch auflösen, die Hoffnungen einer Dynamischen Psychiatrie nach Deutschland zu bringen und den Erbtheorien der Nazi-Psychiater den Todesstoß zu versetzen.

Bald nach dem Tiefpunkt Ende November ging es wieder aufwärts. Am 4. Dezember schrieb ich, wir hätten die Medikamente heimlich abgesetzt. Wir hatten eine eigene Wohnung in Aussicht. Silke war sehr dicht bei mir und von ihrer Mutter freundlich distanziert. Ich rang immer wieder um Geduld, wenn sie gar zu lange brauchte, um ein paar Zeilen ihrer Seminararbeit zu Papier zu bringen. Wenn sie schnell müde wurde und sich von einer Aufgabe zurückzog, dachte ich nicht nur an ihre Schwangerschaft und die Seelenkrise, sondern auch an das Gespenst des schizophrenen Defekts, der verflachten oder versandeten Psyche, von der die Ärzte so bedenkenlos und ohne jede Einfühlung in Betroffene und Angehörige schrieben.

*

Seit Silke und ich geheiratet hatten, bekam ich kein Waisengeld mehr. Es hätte mir als dem Sohn eines im Krieg gefallenen Beamten bis zum Abschluss meines Studiums durch eine Promotion zugestanden. Doch wer heiratet, gilt nicht mehr als Waise im Sinne der Alimentation von Beamtenkindern. Das hatte ich nicht bedacht. Als ich es erfuhr, war es zu spät – nein, es wäre immer unmöglich gewesen, aus einem so unromantischen Anlass die Zusage der Ehe rückgängig zu machen. Die Ehe hatte auch meinen Bezug zum Schreiben verändert. Ich gab es praktisch auf, Gedichte zu schreiben. Ich begann wirtschaftlich zu denken.

Das Promotionsstipendium für die nächsten zwei Jahre musste die Basis sein. Ich verdiente nicht nur durch die Arbeit für *Selecta*. Ich war freier Autor, ich konnte Artikel umschreiben und mehrfach verkaufen: an den Bayerischen Rundfunk, an Hellmuth Karasek, der damals das Feuilleton der *Stuttgarter Zeitung* leitete, an den *Weser-Kurier* in Bremen.

*

Silke schlief jetzt ohne Medikamente; die Schwangerschaft wurde durch eine gynäkologische Untersuchung bestätigt. Das Kind sollte im Juli 1967 geboren werden, in der Klinik eben jenes Dr. Boruth, der auch die Fehlgeburt im Juni versorgt hatte. Die Aussicht, Vater zu werden, setzte mich unter Druck. Konnte ich als freier Autor eine Familie durchbringen? Einen Teil dieses Drucks gab ich an Silke weiter. Wiederholt kam es zu Streit, wenn ich mich allzu besserwisserisch gebärdete und beispielsweise versuchte, meine Kritik an Silkes Bequemlichkeit in Deutungen ihrer Krankheitsdynamik einzuschmuggeln.

Weihnachten verlief eher formlos:

Über die Entleerung des Festes wundere ich mich schon ein paar Jahre. Sie wird wohl erst aufhören, wenn ich selbst wieder ein

*Kind beschenken kann: Dann werde ich nicht mehr darüber
enttäuscht sein, dass ich mich nicht mehr wie ein Kind über
Geschenke freue.*

Soweit mein Tagebuch. Silke schenkte mir einen von ihr gestrickten Pullover.

Nach dem Abendessen am 26. Dezember erzählte sie wieder ein Fragment ihres Wahns: Der französische Käse »Amour des dieux« sei für sie gemacht. Früher habe dieser Käse »Caprice des dieux« geheißen. Aber die Mami habe sie so wunderbar erzogen, dass sie ganz still und sanft geworden sei. Auch Dato, ein Waschmittel, das die Hände schone, sei symbolisch auf sie gemünzt; es bedeute, dass die H.-Werke, eine arme, aber gute Firma, an ihrer Seite gegen den maßlosen Konsum stritten, der aus Amerika komme und Deutschland bedrohe. Alle Soldaten seien nicht wirklich im Krieg gefallen, sondern kämpften im Osten für eine bessere Welt; sie versuchten ihr Botschaften zu senden, die andere Menschen nicht verstünden.

Ich sagte dazu, es gehe hier um Geltungsgewinn und Bequemlichkeit: Sie sei der Liebling der Götter und werde von idealisierten Ahnen versorgt, welche an ihrer Seite die ideale Liebe zum Schönen gegen den Materialismus verteidigen. Die Abneigung gegen die Konsumgesellschaft mit ihrer Verschwendungssucht sei gerechtfertigt, werde aber von ihr wahnhaft übersteigert, weil sie gewohnt sei, ihren Mangel an Leistungswillen dadurch zu entschuldigen, dass sie ja auch nur geringe Ansprüche habe.

Wenn ich mir heute vergegenwärtige, was ich Silke da zugemutet habe, wundert mich ihre Reaktion weit weniger als damals, als ich sie im Tagebuch mit einem lakonischen *viel Widerstand* kommentierte. Silke brauste auf, ich wolle mich ihrer bemächtigen, das habe auch Mami gesagt (ein rotes Tuch für mich). Ich wolle ihr meine Vorstellungen aufzwingen, das habe ihr geschadet und ihre Krankheit eher verstärkt als gemildert:

Du bist selber noch ein halbes Kind, schrie sie mich an, neuro-
tisch und eingebildet, schreibst albernes Zeug, ich sag dir nie
mehr etwas, was machst du überhaupt hier in meiner Wohnung,
spionierst hier herum, du hast ja meine Arbeit gar nicht mehr
verbessert, hast nur höhnisch vorgelesen, weiß ja selber, wie
schlecht es ist, schreibst dann weise was in dein Tagebuch, ist alles
unangemessen, was du treibst, hätt' ich dich doch nie geheiratet,
das geht nicht gleichzeitig, studieren und heiraten, das hat schon
Melitta gesagt, und der Doktor Carl, studieren Sie ja fertig, Sie
haben dann eine ganz andere Stellung zu Ihrem Mann. Ich bin
viel begabter als du, du bist nur neidisch!

Dann entschuldigte ich mich bei ihr und sie sich bei mir, wir liebten uns und überbrückten die Kluft, die sich aufgetan hatte wie
der Abgrund in Rom, in den sich Marcus Curtius stürzte.[10]

*

Mein Tagebuch über Silkes Psychose endet mit dem Jahr 1966.
Wenn ich heute die letzten Seiten der Bearbeitung lese, die ich ein
Jahr später für mein Buchprojekt *Psychiatrie für Betroffene* anfer-
tigte und dann doch nicht in das Manuskript aufnahm, weil mir
die Verschlüsselung zu durchsichtig erschien, verstehe ich wieder,
welche Mischung aus Angst und ihrer Abwehr mich damals um-
trieb. Es ist, als wäre der erste Gedanke des Schiffbrüchigen, der
zerschlagen und tropfnass mit letzten Kräften das Ufer erreicht
hat, ein Filmprojekt über die richtige Rettung aus Seenot.

Seit Simone wieder gesund ist, suche ich fast mehr in mir als in
ihr. Wissenschaftlich gesprochen: Ich analysiere meine Gegenüber-
tragung. Ich glaube, meinen Beitrag zu ihrer Psychose zu er-
kennen, der freilich an einer ganz anderen Stelle ist, als ihn etwa
Simones Mutter suchte: Ich habe ihr eine zu plötzliche und zu

116

weitgehende Selbständigkeit und Leistungsfähigkeit abverlangt.
Sie wollte ihr Bestes tun, aus Angst, meine Zuneigung zu ver-
lieren; doch als sie eine zusätzliche Belastung – die Rückkehr zur
Mutter, das gefürchtete Referat für die Universität, meine lange
Abwesenheit tagsüber, die ihr ungewohnt war – noch auf sich
nehmen sollte, war es zu viel für sie. Man kann ein durch drei
Jahrzehnte mütterlicher Überbeschützung nie zur Selbständigkeit
und Freiheit (zumindest nicht in Gegenwart dieser Mutter)
gekommenes Ich nicht plötzlich so überfordern, sondern nur
langsam entwickeln.

Das ist eine Hypothese; ein großer Rest von Unerklärlichem
bleibt. Ich habe erst jetzt Simone kennengelernt; bisher hielt ich
sie für gesund, weil ich das so wollte und es mir angenehmer war;
sie tat auch alles, um mir diese Illusion zu lassen. Ein eindeu-
tiger Gewinn ist die Klarheit, dass sie krank ist und dass es einige
Jahre brauchen wird, bis – auch bei scheinbarer äußerer Gesund-
heit – ihre Persönlichkeit stark genug ist, um einem Rückfall
wirklich vorzubeugen. Ihre Krankheit hat mir aber auch die
widersprüchlichen Anforderungen gezeigt, die ich an sie stellte:
Sie sollte studieren und zugleich arbeiten, mit einem Schlag in
jeder Beziehung tüchtig sein und doch immer Zeit für mich
haben.

Nie hat ein Arzt Simone gefragt, was sie während ihrer
Krankheit dachte oder fühlte. Sie vertraute auch keinem genü-
gend, sagte sie jetzt; niemand versuchte, sie für ein solches
Unternehmen zu gewinnen. Sie bekam Schocks oder Medika-
mente. (...) Interessant ist, dass sie nie während eines Aufenthalts
im Ausland erkrankte, wo sie allen emotionalen Belastungen
(unter anderem denen einer konfliktreichen Liebe zu einem
verheirateten Mann) widerstand. Sie wurde nur psychotisch,
wenn sie mit ihrer Mutter zusammenlebte, die sich intensiv um
sie kümmerte.

XVIII

Mein Zorn gegen die resignative, negative Rhetorik der biologischen Psychiatrie mit ihren Schauderbildern und ihrer plumpen Erbtheorie passte 1967 zum Zeitgeist. Die Ärzte, die Silke mit Schocks mehr gequält als geheilt hatten, wurden mir neben Frigga zu Vertretern einer alten, bösen Macht, während Karl Menninger, Günter Ammon und Heinz Häfner, welche die Erbtheorie kritisierten, Hoffnung auf eine gute Zukunft spendeten.

Parallel dazu führte ich mit polemischem Vergnügen noch einen zweiten wissenschaftlichen Streit: Ich legte mich mit Konrad Lorenz und dessen Lieblingsschüler Irenäus Eibl-Eibesfeldt an, machte mich über ihre dummen Vereinfachungen lustig und vertrat energisch die Auffassung, der Mensch *lerne* seine Aggression, sein Sozialverhalten und im Hintergrund natürlich auch seine Psychosen.

Die Evolution des Menschen, so behauptete ich, treffe kulturelle Symbolsysteme, nicht Erbanlagen. Sobald Homo sapiens er selbst geworden sei und sich das Super-Lernen durch Einsicht und Identifizierung mit seinesgleichen angeeignet habe, erübrigten sich die Rede von Instinkten und die naive Konstruktion, Konrad Lorenz' zwischen Idealisierung und Entwertung ihrer Dienstmädchen wechselnde Tante werde von den Entladungen eines aufgestauten Aggressionsinstinktes getrieben.

Erlöserpathos und Gesellschaftskritik mischten sich in meinem Denken. Ich wollte die Welt so sehen, dass ich die Gespenster der Erbkrankheit bannen könnte, die Silke und unsere Kinder bedrohte, wenn wir nicht uns und andere von ihr befreiten. Ich wehrte mich gegen den Nazi-Gedanken vom unwerten Leben, von kranken Erbanlagen. Was Silke an böser Prägung erlitten hatte, das musste sich heilen lassen. Jedenfalls aber musste klar sein, dass das Licht, das Gute und die Zukunft auf unserer Seite waren, die Finsternis, das Böse und die Vergangenheit aber bei Frigga und ihresgleichen.

*

Silkes beste Freundin Melitta hatte sich damals verlobt.

»Me ist sehr schön«, sagte Silke. »Alle Männer sind hinter ihr her. Sie hat eine weiße Strähne im Haar, die ist echt, nicht gefärbt, aber sie lässt sie auch nicht färben. Melittas Mutter ist Ärztin. Sie hat sich mit Mami angefreundet. Sie schreibt auch Bücher, über Kindererziehung und so was.«

Johanna Haarer war mir ein Begriff. Meine Mutter hatte *Die deutsche Mutter und ihr erstes Kind* im Bücherschrank stehen, das ich bereits als jugendlicher Sexualforscher auf der Suche nach nützlichen Informationen durchgesehen hatte. Es gab zwar Schautafeln über die schwangere Frau, aber keine zufriedenstellenden Auskünfte über die mir damals weit wichtigere Frage, was der Mann zu tun hatte, um sie in diesen Zustand zu versetzen.

»Sie ist eine unglaublich fleißige Autorin«, sagte Frigga. »Sie überarbeitet jede Ausgabe ihres Buches komplett, um die neuesten Erkenntnisse zu bringen, auch aus Amerika. Sie hat mir erzählt, wie sie das erste Mal schwanger war, wie sie sich langweilte und deshalb die medizinischen Bücher las, die es für schwangere Frauen gibt. Da stand in dem einen: ›Nach der Geburt übergibt die Mutter das Kind einer Amme!‹ Das war's. Jetzt muss ich selbst etwas schreiben, dachte sie da, ich habe ja Zeit. Und es wurde ein großer Erfolg. Sie strickt jedes Höschen und jeden Pullover selbst, wenn sie eine Anleitung im Text hat. In der Kinderpsychologie ist sie viel fortschrittlicher geworden als früher. Ihre eigenen Kinder hat sie noch viel gehauen.«[11]

Melitta war wirklich eine aufregende Schönheit, sie schüttelte die langen schwarzen Haare mit der weißen Strähne wie eine Zigeunerin und erprobte ihren Charme an mir. Dann erklärte sie mich zum Zyniker, weil ich (vielleicht genau gegen ihre schönen Augen) tönte, ein Vorzug der Ehe sei doch, dass man damit das Problem mit den Frauen abgehakt habe und sich anderen (ich mied zu sagen: wichtigeren) Dingen zuwenden könne.

Silke war schwanger; Melitta rang nach einem Germanistikstudium und einem gescheiterten Versuch, als Lektorin im Piper-Verlag Fuß zu fassen, um innere Stabilität. Sie heiratete einen Assistenten am Lehrstuhl für Germanistik; ich erinnere mich an die Feier im Seehaus am Kleinhesseloher See im Englischen Garten, bei der ironische Reden voller Anspielungen auf den Piper-Verlag und dessen Riesenblamage gehalten wurden.

Piper hatte das Buch eines britischen Hochstaplers gedruckt, eines gelernten Klempners, der von sich behauptete, durch eine Trepanation in einem tibetanischen Kloster in den Besitz eines dritten Auges gekommen zu sein, mit dessen Hilfe er die menschliche Aura sehen und übernatürliches Wissen erlangen könne.

Johanna Haarer war eine reservierte, verschlossene Person mit Melittas Hakennase unter einem strengen Haarknoten. Ich wusste nichts von ihrer NS-Vergangenheit und darüber, dass Melittas Vater 1946 Selbstmord begangen hatte, während seine Frau wegen ihrer Rolle in NS-Organisationen ein Jahr im Gefängnis saß. Der Familienmythos lautete, er sei gefallen. Verschwundene Väter waren ebenso normal wie das Vermeiden von Fragen nach dem Wie und Warum.

*

Mit Me und ihrem Ehemann gründeten Silke und ich eine Therapiegruppe, deren Thema die Selbstbefreiung von den krankmachenden Müttern war. Durch die Sitzungen wandelte Johanna

Haarer wie ein Gespenst. Me plante einen neuen Beruf. Sie wollte übersetzen, Literatur, das heißt ernsthaft, eine Woche lang einen einzigen, bedeutungsschweren Satz. Ihr Ehemann hatte Me durch die Zeit begleitet, als sie im Piper-Verlag die deutsche Literatur rettete. Als Me ihre Stelle dort verlor, geriet auch sie in eine heftige Krise.

Wer die verrücktmachenden Botschaften der Mütter durchschaue, sei gefeit, war das Credo unserer Selbsthilfegruppe. Frigga sage beispielsweise Sätze wie *Sei ganz du selbst, aber genau so, wie ich dich haben will!* Oder auch: *Adlige sind etwas ganz Besonderes, aber ganz bescheidene Menschen, genau wie alle anderen!* Dazu fiel Me gleich etwas Passendes ein: *Wir Haarers haben Erfolg, ohne uns anzustrengen.* Me hatte eigentlich schon immer zu wissen geglaubt, dass mit ihrer Mutter etwas nicht stimme. Nur es so klar formulieren, nein, das hätte sie nicht gekonnt. Dieses lesbische Verhältnis mit der Haushälterin sei eigentlich sonnenklar und doch immer verborgen gewesen.

Hatte Frigga Silke unbewusst den Tod gewünscht? Kompensatorische Overprotection? Silke die böse Prinzessin, Unterpfand der großen, letzten, todbringenden Liebe ihrer Mutter? Wir waren voller dramatischer Vermutungen und verurteilten humorlos, was wir nicht verstanden. Frigga hatte ihre Witwenwelt befestigt und keinem Mann mehr in die Augen gesehen nach dem Verlust von Silkes Vater, gerade so wie meine Mutter und wohl auch Johanna Haarer. Solche biografischen Ähnlichkeiten fallen heute ins Auge; damals waren sie zu verbreitet, um Aufmerksamkeit zu wecken. Die Mütter-Welt wollte nichts von Erotik wissen und schob das auf den unersetzlichen Verlust. Die vorhandenen Männer?

»Die suchen doch nur eine Frau, die sie pflegt«, sagte meine Mutter die wenigen Male, die wir über dieses Thema sprachen.

Hatte Johanna Haarer ihre Me gar nicht um ihrer selbst willen bekommen, sondern als Beweisstück, als Demonstration ihrer

Führertreue im Kampf gegen den Geburtenschwund in Deutschland? Me konnte sich nicht erinnern, dass ihre Mutter einmal zärtlich zu ihr gewesen sei. Alles Pflicht. Vor Publikum die kleine Schönheit im Selbstgestrickten zu streicheln, das war nicht Liebe, das war Missbrauch. Me wurde zum Objekt gemacht und mit der Sehnsucht erfüllt, statt der abweisenden Mutter endlich die Liebe der literarischen Welt zu gewinnen.

Als 1967 unsere Tochter geboren wurde, war Frigga begeistert. Ich erinnere mich an ihren Ruf, quer über die Hohenzollernstraße, als sie auf der gegenüberliegenden Seite ihre Freundin, die Frau des Tierarztes sah: »Wir haben ein Kind!« Mutter Haarer schenkte uns einen von ihr persönlich aus Baumwollgarn gestrickten, luftigen und sehr strapazierfähigen Strampelanzug, der sozusagen mitwuchs und noch von der Vierjährigen getragen wurde.

Zwei Jahre später hatte Frigga in Vicchio eine Krone aus dem Goldpapier einer Haferflockenpackung geschnitten und geklebt. Die Zweijährige spazierte im August mit dieser Krone herum. Sonst trug sie nur noch den von Johanna Haarer gestrickten Strampelanzug am Leib. So knipste ich sie vor der Tür des Toskana-Hauses: die goldene Krone auf dem Kopf, pausbäckig und mit einer gebieterisch erhobenen Hand, als wollte sie befehlen.

In diesem Sommer schrieb ich auch für *Selecta* eine Geschichte über antiautoritäre Erziehung. Dieses Foto wurde das Titelbild. Der Widerspruch zwischen Johanna Haarers Gestricktem und dem antiautoritären Gestus war nicht beabsichtigt und ist mir damals gar nicht aufgefallen. Als das Foto vom Verlag angenommen wurde, war ich in der toskanischen Idylle weit entfernt von der Studentenbewegung und doch von ihr mitgeprägt.

Ich war überzeugt, dass eine gründliche Austreibung der Nazi-Mütter die Töchter heilen würde. Ich glaubte das vier Sommer lang.

*

Die vier Jahre 1967, 1968, 1969 und 1970 waren die Zeit der ungestörten Symbiose. Silke und ich waren so eng verbunden, dass wir Störendes vergaßen und nach Streitigkeiten rasch zueinander fanden. Die Versöhnung ging meist von Silke aus. Ich belehrte sie dann über ihre Irrtümer oder über ihre Unfähigkeit, Kritik zu ertragen. Das Pathos der Weltverbesserung bestimmte mein Lebensgefühl. Es gab deutliche Feinde, wie Konrad Lorenz oder die biologischen Psychiater, und erlösende Freunde, wie Sigmund Freud oder die Familienforscher, die Schizophrenie mit Kommunikationsstörungen zwischen Eltern und Kindern erklärten.

In meinem Fall förderte eine magische Beziehung zum gedruckten Wort diese Selbstüberschätzung. Gedrucktes war gültig, fast heilig. Ich glaubte insgeheim daran, durch meine Artikel in *Selecta* die deutsche Heilkunde zu verbessern, Leben zu retten. Ich hätte das, von meiner Mutter zur Bescheidenheit gedrillt, niemals laut ausgesprochen. Aber ich bildete mir etwas darauf ein, verfügte in diesen inneren Bildern über Schutzmächte, die mir den Mut oder (so sah es der Angegriffene) die Dreistigkeit gaben, Konrad Lorenz in der Zeitschrift *Studium generale* anzugreifen, nicht als Nazi (was er ja auch gewesen ist), sondern als Biologisten, der Reden über Ähnlichkeiten zwischen Mensch und Tier führt, die sich mühelos widerlegen lassen.[12]

XIX

Silke war überzeugt, mich zu lieben. Sie sei, sagte sie, genau der Meinung von La Garance. Für mich galt das nicht. Pflichterfüllung, Verlässlichkeit, Skepsis gegenüber großen Worten waren die Werte, die meine Mutter mir vorlebte und mit denen ich mich identifiziert hatte. Liebe sollte für mich etwas Beständiges und sehr Großes sein, ein Gefühl, das mich ganz erfüllte. Im Alltag aber spürte ich doch meist Angst und Ärger, es galt, Aufgaben zu bewältigen, die Familie zu organisieren.

Vaterlos und neben einem zwei Jahre älteren Bruder aufgewachsen, war mein Erleben von Unsicherheit und Rivalität geprägt. Frigga war eine Rivalin um Silkes Liebe. Silke war eine Rivalin um den Führungsanspruch in der Beziehung und um den Platz auf einer imaginären Skala, auf der gemessen wurde, wer *besser* liebte. Silke behauptete, mich zu lieben. Ich war mir nicht sicher. Aber wenn Silke ihr Liebesversprechen nicht halten konnte, war es nicht sie, die zu viel behauptet hatte. Es war ihre Krankheit. Sie hatte einen Joker in ihrem Blatt, und ich hatte nicht begriffen, dass es in Liebeswettkämpfen nur zwei Verlierer geben kann.

In guten Tagen durfte ich mich in Silkes Liebe spiegeln, wenn ich mir der eigenen nicht sicher war. Deshalb waren Silkes Hassausbrüche auch derart unerträglich. Die Harmonie der ersten Jahre, als wir vorwiegend in Vicchio lebten, wurzelte in einer Erfüllung der frühesten Wünsche. Wir besaßen einander ganz. Keine Macht von außen störte. Jeder ersetzte dem Gegenüber, was Witwenkindern fehlt: die Fähigkeit, sich liebevoll für eine Weile zu trennen, weil es einen Dritten gibt und nicht die Zwei im magischen Kreis der Symbiose. Wer diesen Kreis verlässt, wird fremd und böse; er kann nicht kommen und gehen, Gutes nach außen tragen und Gutes zurückbringen.

Mein Leben mit Silke fand seinen Rhythmus. Wir hatten die zwei Zimmer im fünften Stock in der Hohenzollernstraße mit alten Möbeln eingerichtet. Mein Schreibsekretär stand im Schlafzimmer, Silkes Schreibtisch im Wohnzimmer. Unsere Älteste wurde auf Silkes Schreibtisch gewickelt und schlief im Wohnzimmer in einem weiß lackierten Paidi-Bett. Die Thonet-Stühle am Esstisch hatten wir vom Sperrmüll geholt und ebenfalls weiß lackiert. Auf dem Balkon stand eine Kommode aus Kiefernholz mit Art-Deco-Beschlägen, die ich um fünf Mark dem Mann abgehandelt hatte, der sie in den Schlund eines Müllzerkleinerers wuchten wollte.

Frigga hatte die Antibabypille besorgt. Ihr Tierarzt bekam sie von einer Pharma-Firma geschenkt. Seine Frau war längst über die Wechseljahre hinaus. Stolz brachte sie uns ihren ersten Fang, eine Dreimonatspackung. Es war mir peinlich. Aber erbeutet ist besser als gekauft – in dieser Maxime konnte ich mich mit Frigga verbünden.

Seit es Silke gut ging, hatte sich die Stimmung zwischen Frigga und mir etwas entspannt, bewaffneter Friede mit Vermeidungen und gelegentlichem Ärger – wenn sie etwa nach dem Babysitten Silke und mich mit der Ansprache an die Kleine empfing: »Da kommen deine Rabeneltern!« Ein *Scherz! Alles* hatte unsere Tochter, nein, Friggas Enkelin in diesen Stunden von ihr gelernt, zu laufen, zu sprechen, sie war *so begabt*.

Frigga war 1968 etwa so alt wie ich heute. Um wieder einen melancholischen Satz aus Hebbels Tagebüchern zu zitieren: Erst fehlt uns der Becher, dann fehlt uns der Wein. Ich kann erst heute erfassen, welch ein Reichtum an Geschichte und Geschichten in Frigga, in meiner Mutter, in Johanna Haarer begraben war. Sie interessierten mich damals nicht.

*

Wir führten vier Jahre lang ein gemäßigtes Aussteigerleben. Die Wohnung in München wurde von April bis November untervermietet. In den Wintermonaten sammelte ich Material für journalistische Arbeiten und später für Bücher, die ich dann in der Toskana schrieb. Ildar Idris, mein Chef bei *Selecta,* hatte düster über die Härten des freien Schreibens gesprochen. Es ging aber überraschend gut.

Die Unsicherheit des Autorenlebens milderten eine beruhigende Routine und eine energische Sparsamkeit, die Silke und ich mit der Grundregel guter Wirtschaft in unserem italienischen Landwirtschaftslexikon aus dem 18. Jahrhundert begründeten: *Di comprar poco, di vender molto, e di non lasciar andar niete a malo.* Möglichst wenig kaufen, möglichst viel verkaufen und nichts schlecht werden lassen!

Ich bekam von *Selecta* wöchentlich dicke Umschläge voller medizinischer Fachblätter, in denen die Arbeiten angestrichen waren, aus denen ich Magazinbeiträge machen sollte. Wenn ich zwei bis drei Seiten solcher Artikel produzierte, hatte ich an diesem Tag genug verdient.

Ich brauchte dafür vielleicht zwei Stunden und erledigte diese Aufgabe penibel jeden Vormittag. An den Tagen, an denen wir auf den Markt fuhren oder einen Ausflug machten, arbeitete ich vor, um den Schnitt zu halten. Am Nachmittag kamen dann die Aufgaben, die meinen Ehrgeiz befriedigten, aber kein sicheres Geld brachten: Artikel für wissenschaftliche Zeitschriften, die Doktorarbeit, Buchmanuskripte, Vorlagen für Rundfunksendungen.

Ich kann nicht lange sitzen. Dazu passte das Leben in Vicchio gut. Es gab immer Möglichkeiten, die Arbeit zu unterbrechen und den Haushalt zu versorgen: Wasser zu holen, Holz aus dem Wald, Pilze zu ernten, Brombeeren, Kastanien. Ich probierte verschiedene Methoden, um die grünen Oliven einzulegen, die damals noch reichlich zu finden waren, verwendete Asche, Salz, klares

Wasser – sie blieben bitter.[13] Ich legte einen Garten an; Modestina (die Frau von Gino, dessen Zugkühe unser Mobiliar herbeigeschafft hatten) schenkte uns Tomatensetzlinge.

*

Meine Erinnerungen an diese Jahre sind selbstbezogen. Silke klagte nie über ihre Rolle als Hausfrau und Mutter. Ich wusste wenig von dem, was in ihr vorging, empfand das aber auch nicht als Mangel, solange alles funktionierte. Ich stand vom Esstisch auf und ging in mein Arbeitszimmer. Sie hatte mit großen Plagen und Unsicherheiten ihre Magisterarbeit abgeschlossen. Ihr Thema waren Kapitelsäle und ihr Bildprogramm in Florenz. Wir gingen zusammen in Kreuzgänge, und ich lernte, den Kapitelsaal auf den ersten Blick zu finden, im rechten Winkel zur Kirche, mit Tor und zwei Fenstern links und rechts davon.

Unsere Älteste, *la bella biondina,* trug zu diesem Bild der harmonischen Kleinfamilie bei. Unter den Dokumenten, aus denen ich die Stimmung dieser Zeit rekonstruiere, sind viele Kinderbilder. Das mit der Krone habe ich erwähnt. Sie krabbelte im ersten Jahr in Vicchio auf allen vieren über Stock und Stein. Sie lernte dort laufen und empörte sich lautstark, dass sie die Tomaten nicht grasgrün pflücken und essen durfte. Ich trug sie auf den Schultern zum Auto, wenn wir zum Markt fuhren.

Wenn ich zur Villa der *padrona* ging, um die Post zu holen und in Pontavicchio frisches Brot zu kaufen, wollte sie mit. Anfangs schlich ich mich davon, damit es kein Gezeter gab. Später habe ich sie mitgenommen und die schöne These meiner Mutter an sie weitergegeben, dass man vom Gehen nicht müde wird. Um sie bei Laune zu halten, versprach ich, Geschichten zu erzählen, solange sie bereit war, auf eigenen Beinen zu laufen.

Ich erzählte und erfand Märchen, später berichtete ich von meiner eigenen Kindheit in dem Deindorfer Bauernhaus. Abends gab es Gutenachtgeschichten über die Vicchiomäuse, eine große Familie mit vielen Kindern, die im Sommer hinter der großen Trockensteinmauer wohnten und im Winter das Haus bezogen, das wir dann verlassen hatten.

Das entsprach durchaus den Tatsachen: Eine Mäusefamilie siedelte in einer der Federkernmatratzen und deponierte so viele Walnüsse darin, dass die Matratze jedes Mal, wenn ich sie kippte, tönte wie Hagel auf einem Blechdach. Die Mäusekinder Starkärmchen, Schnellfüßchen, Schnuppernäschen und Schlauköpfchen hielten immer zusammen und bewältigten in der Arbeitsteilung, die ihren Namen entsprach, Abenteuer mit Menschen, Eichhörnchen, Hunden, Katzen, Füchsen, Eidechsen und Schmetterlingen.

*

Ein Dokument, um meine Erinnerungen aufzufrischen, ist der Briefwechsel mit Melitta und ihrem Ehemann, die uns öfter besuchten. Me schrieb viel über ihre Kämpfe mit Mutter Haarer und ihre gescheiterte Karriere. Heute lese ich aufmerksamer, wie Me Silke in aller Freundlichkeit abwertete: Ihr genügsames Leben, das sich nicht vom »millionenfach vorhandenen Hausfrauendasein« unterscheide, hebe sich wohltuend (aber doch auch leise verachtet) von dem Ehrgeiz der Haarer-Familie ab, den Me in einem Atemzug teilt und im nächsten tadelt.

Die Stimmung der gescheiterten Lektorin ist erbittert und zerknirscht zugleich. Me kann weder übersetzen noch ihre Ruhe genießen. Sie hadert mit ihrer Mutter, will von ihr an ihrem Geburtstag eingeladen werden, fühlt sich dann aber zu schwach, ist dennoch erbittert, weil die Mutter den Termin platzen lässt. Dabei hat die Tochter eigens Eis und Erdbeeren besorgt, ist trotz drückender Hitze einkaufen gegangen, um eine Mutter zu bewirten, die sich nicht blicken lässt.

Ihr Mann kommt gegen Mitternacht von einer Veranstaltung. Er findet eine weinende Me, wird bleich und ruft sogleich bei Mutter Haarer an. »Es ist, als wollte man in Rom den Papst sprechen«, schildert er die Versuche der Haushälterin, ihn abzuwimmeln.

»Me ist ganz schön überspannt«, sagte Silke damals. »Er hält ihr immer die Stange, aber …«

»Aber sie fährt mit ihm Schlitten!«

Wir lachten. Es tat gut, überlegen zu sein. Frigga und Sascha kamen zu Besuch und reisten nach Florenz weiter, wo Frigga bei Signora Monducci nächtigte und jeden Tag mit ihrem Hund in die Stadt wanderte. Schadenfreude haftet im Gedächtnis: Frigga hatte auf dem Weg zum Haus wunderbar saftige rote Pilze an den Stämmen der Oliven gefunden. Die musste sie unbedingt für uns braten. Sie rochen so lecker! »Was wir nicht kennen, essen wir nicht!«, sagte Silke, und ich stimmte zu. Frigga behauptete, alle giftigen Pilze zu kennen. Die schönen roten Pilze kannte sie nicht, also mussten sie gut sein. Eine Art Hallimasch. Es wurde ihr schlecht, sie verbrachte eine ruhelose Nacht zwischen ihrem Zimmer und dem Abtritt mit dem Marmorsitz. Wir bedauerten sie heuchlerisch.

In dem italienischen Pilzbuch, das ich danach kaufte, war der *fungo dell' olivo* abgebildet – *gravi disturbi intestini* waren erwähnt, heftige Reaktionen der Eingeweide.

*

Unsere Ehe war darauf angewiesen, dass nichts ein prekäres Gleichgewicht störte. Silke musste mich stützen, ich sie, es durfte sich nichts verändern. Ich fand es ungerecht, wenn Silke in ihren Wahnzuständen behauptete, sie sei viel begabter als ich und ich verdankte alles ihr. Aber sie war in der Tat älter und erotisch erfahrener als ich, schüttelte lebende Sprachen aus dem Ärmel, während ich nur zwei tote erlernt hatte. Ihre Familie war mit tausend Jahren europäischer Geschichte verbunden; etwas vom Glanz der nur noch als Name erhaltenen Baronesse strahlte auch um uns.

Mich schüchterten gesellschaftliche Verpflichtungen ein – Essenseinladungen, Smalltalk. Silke und Frigga blühten auf, wenn es Zuhörer gab, je mehr, desto besser. Manchmal warf ich ihr nachher vor, sie hätte mich kaum zu Wort kommen lassen. Dann kritisierte sie nicht den Stoffel an ihrer Seite. Sie entschuldigte sich.

Wir glichen Wanderern, die sich zufällig auf einem Plateau treffen und eine Weile miteinander gehen. Solange der Weg eben bleibt, kann nicht deutlich werden, dass einer von ihnen nicht schwindelfrei ist. Wenn er dann, weil er die lieb gewordene Begleitung nicht missen mag, dem Gefährten in den Klettersteig folgt, ist die Katastrophe absehbar. Solange unsere gemeinsame Phantasie vom Aussteigerleben trug, von einer Existenz in der Kunst, im Sinnlichen und im Archaischen, waren wir stark und bildeten uns ein, eine weit bessere, liebevollere Ehe zu führen als andere Leute. Hätte ich Silke weniger selbstbezogen geliebt, hätte sie genauer ihre Grenzen gekannt und diese besser verteidigt – vielleicht wäre es noch viele Jahre so weitergegangen.

Silke vertraute meiner Führung. Ich unterstellte, sie würde genauso an sich denken und mich rechtzeitig warnen, wenn die von mir gewählte Richtung über ihre Kräfte ging. Es war doch das Normalste von der Welt, aus der engen Mietwohnung auszuziehen. Sie wollte doch auch ein zweites Kind. Wir mussten die Gelegenheit nutzen, ein Haus zu bauen! Es wäre doch töricht gewesen, das Angebot meiner Mutter auszuschlagen, das Grundstück in Feldafing zu teilen!

Der Bausparvertrag war reif, meine Mutter wollte mich unterstützen, ich hatte einiges auf dem Konto. Silke plante mit; der Architekt war ein Freund von Me und würde uns vor überzogenen Rechnungen bewahren. In dem Haus war Platz für ein zweites

Kind und eine Wohndiele, Silke sollte ein großes Zimmer bekommen, ich einen Arbeitsraum mit offenem Kamin.

Es war *mein* Traum. Als der Bau genehmigt war, setzte Silke die Pille ab. Die Bagger hoben im Herbst 1970 die Grube aus. Im Vorfrühling 1971 wurden wir zu einem internationalen Rheumakongress nach Florenz eingeladen. Ein Arzneimittelhersteller bot dem Selecta-Verlag an, einen Kongressberichterstatter samt Ehefrau nach Florenz zu fliegen und ihn dort im Hilton unterzubringen. Solche Großzügigkeit würde dem neuen Medikament Amuno (Indometacin) in den Presseberichten gebührendes Wohlwollen bescheren.

Ich war noch nie geflogen und bekam jetzt einen Flug nach Florenz geschenkt. Ich war noch nie in einem Luxushotel gewesen. Jetzt schüttelte ich den Kopf über die zwei Badezimmer in unserer Suite. Heißes Wasser im Überfluss. Wir liebten uns in der Badewanne, wie um das Terrain zu markieren. Silke telefonierte mit ihren Florentiner Freunden. Paolo Pavolini war verreist. Wir besuchten seine Frau. An einem Nachmittag schwänzte ich den Kongress und fuhr mit Silke und Signora Pavolini in einem klapprigen R 4 nach Vicchio, um Paolos Frau das Haus zu zeigen.

Zum Abschiedsabend wurden die Kongressteilnehmer von der Pharmafirma in eine Villa eingeladen. In jedem Zimmer gab es Live-Musik von italienischen Künstlern, schönen jungen Menschen. Später hat sich mir dieser Abend mit seinem üppigen Kulturprogramm an malerischer Szene mit der Psychose von Silke verbunden. Überall brannten Fackeln. Alle Eindrücke, die nicht zum Zauber der Nacht passten, schluckte die Dunkelheit. Es war ein Fest wie zu den Zeiten Lorenzos des Prächtigen. Silke zitierte seine Verse.[14]

Wieder in Deutschland, schlief Silke schlecht. Sie wirkte geistesabwesend, manchmal verwirrt. Sie unterwarf sich meinen Zurechtweisungen und Ermahnungen, normal zu sein – bis zu einem plötzlichen Bruch, während wir in Feldafing übernachteten. Ich hatte mich tagsüber um die Baustelle gekümmert; Silke passte auf unsere damals fast vier Jahre alte Tochter auf.

In der Nacht stürzte Silke splitternackt in das Schlafzimmer meiner Mutter und schrie sie an, sie wolle jetzt endlich Whiskey von ihr haben. Meine Mutter weckte mich und sagte ärgerlich, sie lasse sich in ihrem eigenen Haus nicht anschreien, ich solle Silke entweder zur Vernunft bringen oder mit ihr nach München zurückkehren.

Ich wollte das Kind vor der verstörten Silke schützen und beschloss, mit ihr nach München zu fahren. Vielleicht würde Silke sich in der vertrauten Umgebung beruhigen. Das Gegenteil geschah. Silke spann ihren Wahn gegen mich. Ich wolle sie in die Klinik stecken, ihr das Kind wegnehmen, sie verlassen. »Du hast mich immer nur ausgenützt, ich konnte viel besser Italienisch als du, ich habe dir alles beigebracht, ich bin viel begabter, du hast mir meine Gedanken gestohlen, deine Mutter ist eine harte Frau, neben der kann ich nicht leben!«

In Feldafing schliefen wir getrennt. In München suchte ich ihre Nähe. Silke wurde scheinbar wieder, wie sie immer war. Während wir uns sonst immer leise und mit wenigen Worten liebten, begann ich jetzt drängend zu reden, es war, als suchte ich nach einer neuen, einer so intensiven Form der Erotik, dass ich sie zurückholen und wieder in unserer Verbindung verankern könnte. Ob es gelang? Nein, es war doch misslungen, und ich versuchte es erneut.

So ging es nicht weiter. Sie musste in die Klinik. Nicht in das Bezirkskrankenhaus in Haar, wo sie ihre Insulinschocks in schrecklicher Erinnerung hatte, sondern in das Max-Planck-Institut für Psychiatrie.

Während ich telefonierte, um den Aufenthalt zu organisieren, hörte ich, wie nebenan im Schlafzimmer ein Fenster geöffnet wurde. Unsere Wohnung lag im fünften Stock über dem gepflasterten Hof. Silke stand mit wirren Haaren im Nachthemd auf einem Stuhl. Sie kletterte auf das Fensterbrett, als ich hereinstürzte, sie herunterrang und das Fenster wieder schloss. »Ich will nicht mehr leben, du schiebst mich ab in die Klinik, ich will zu meinem Kind!«

Hätte ich mich taub stellen, sie springen lassen sollen? Solche Überlegungen haben mich später heimgesucht, Zwangsgedanken. Der trauernde Witwer ist eine schönere Rolle als der Psychologe, der seine kranke Frau in die Klinik abschiebt. Ich habe keine Sekunde darüber nachgedacht, als ich Silke auf dem Fensterbrett sah, strafte mich aber später mit Schuldgefühlen über diese Abgründe in mir.

XX

Kaum war Silke im Krankenhaus, wurde mir die Spannung bewusst, unter der ich die letzten Tage und Nächte verbracht hatte. Ich bekam Appetit, ging in den Supermarkt, kaufte mir Käse und Brot, kochte mir Tee und setzte mich an den Schreibtisch. Die Arbeit an meinem zweiten Buch für den Piper-Verlag lenkte mich ab. Solange ich nach einem passenden Satz suchte und den einen oder anderen fand, verloren meine Ängste ihre Macht über mich.

Im Jahr 1970 hatte ich im Hochgefühl von Silkes Heilung und ohne ein Wort über meinen persönlichen Bezug zu diesem Thema ein Manuskript fertiggestellt, das den Arbeitstitel *Psychiatrie für Betroffene* trug, ein Plädoyer für eine moderne, dynamische Psychiatrie und gegen die Ideologie der angeborenen Geisteskrankheit. Ich bot es zwei Verlagen an, Klett-Cotta in Stuttgart und Piper in München. Klett lehnte ab. Piper zögerte und wollte Gutachten von Fachleuten einholen. Resigniert fuhren wir nach Vicchio. Es war Hochsommer, das Manuskript lag seit Monaten im Piper-Lektorat, ohne dass etwas geschehen war. Me war zu Besuch, als ein alter Mann mit einem gelben Umschlag kam. Unsere Post wartete normalerweise in der Villa Fiani auf uns. Aber ein Telegramm? Die *padrona* schickte einen Rentner.

Ich gab dem Mann tausend Lire. In dem Telegramm schrieb Klaus Piper, er wolle die *Psychiatrie für Betroffene* nicht nur unter dem Titel *Seele als Patient* herausbringen, sondern an besonderer Stelle platzieren, als potenziellen Bestseller im Frühjahr. Dazu müsse er dringend mit mir sprechen. »Das ist typisch«, sagte Me.

»Typisch Piper. Erst passiert Monate lang gar nichts, dann kann es nicht schnell genug gehen.«

Ein Vertrag kam und wurde unterschrieben. Mein Kindheitstraum war in Erfüllung gegangen. Ein Buch von mir würde bald in den Schaufenstern liegen. Aber so glücklich, wie ich mir den Schöpfer einer solchen Kostbarkeit vorgestellt hatte, war ich nicht. Lag es daran, dass es ein Sachbuch war, kein Gedichtband? Aber was nutzen Gedichte?

Den reinen Glauben an die Schönheit der Sprache hatte ich verloren. Ich wollte etwas bewirken, etwas Gutes tun, Betroffenen ihr Schicksal erleichtern, Ängstlichen Hoffnung machen. Wer mit Armen und Beinen strampelt, um sich über Wasser zu halten, hat wenig Sinn für Ironie. *Seele als Patient* mit dem Untertitel *Eine Aufklärung für Gesunde und Gefährdete* bezeichnete einen Höhepunkt, der jenem glich, zu dem Sisyphos seinen Marmorblock rollt. Das Buch wurde im *Spiegel* auf einer ganzen Seite besprochen. Und Silke, die mir die Inspiration gegeben hatte, war in der Klinik.

Ich versuchte sie in der psychotherapeutischen Abteilung einer Forschungsstelle des Max-Planck-Instituts für Psychiatrie unterzubringen. Dort hatte Norbert Matussek ein Programm aufgebaut, in dem Psychosen behandelt wurden. Während des Aufenthalts in der Akut-Psychiatrie hatte sich herausgestellt, dass Silke wieder schwanger war. So schnell war das nicht geplant gewesen.

Nach vierzehn Tagen war Silke wieder bei sich und durfte die Station für halbe Tage verlassen. Wir wollten im Luitpoldpark neben der Klinik spazieren gehen, aber es war nach wenigen Minuten klar, wie sehr es uns beide in die Hohenzollernstraße zog, *per far l'amore*. Es war eine große Vergessensbemühung, aber sie gelang. Das Bild meiner Frau auf dem Fenstersims, sprungbereit, verblasste. Es musste alles gut werden. Ich schrieb in diesen Tagen an einem zweiten Buch für Piper, *Erziehung ohne Angst,* das auf der

Titelgeschichte über die antiautoritäre Pädagogik in *Selecta* beruhte.

Zwei Wochen später wurden wir zu Professor Matussek geladen, einem großen, hageren Mann mit einem langen Gesicht und kurzen, eisgrauen Haaren. Silke sollte von der Aufnahmestation in seinen Bereich verlegt werden. Er erklärte mit ernster Stimme, sie könne nur in sein Therapieprogramm aufgenommen werden, wenn sie zu einer Schwangerschaftsunterbrechung bereit sei. Das zweite Kind überfordere sie.

»Das möchte ich nicht«, sagte ich. Silke nickte. »Wir haben uns ein zweites Kind gewünscht!« – »Dann geht es eben nicht mit dem Programm«, entgegnete der Professor und rang die hageren Hände hinter seinem großen braunen Schreibtisch. »Vielleicht kann mein Mitarbeiter Dr. B. eine Einzeltherapie machen.«

Dr. B. war ein hübscher Mann mit einem ebenmäßigen Gesicht und dunklen Locken. Er wirkte sehr jung auf mich – kaum älter als ich selbst, ernst und verschlossen. Silke bekam Urlaub über das Wochenende und sollte am Montag mit der Therapie bei ihm beginnen. Wir verbrachten das Wochenende in Feldafing auf der Baustelle. Das Haus war fast fertig. Ich wollte die Räume mit Kalkmilch weißeln, ehe die Fußböden gemacht wurden. Silke half, sie war guter Dinge und schien sich auf das neue Haus zu freuen.

Als ich am Montagmorgen den Käfer startete, um Silke nach München zu bringen, leistete das Kupplungspedal keinen Widerstand mehr. Das Getriebe fügte sich krachend einem letzten Schaltversuch. Ich ließ das Auto zu dem Gefälle rollen, das zum See hinabführt. Silke stieg aus; ich brachte den Käfer im zweiten Gang zur Werkstatt, würgte den Motor ab und erklärte das Problem. Das Kupplungsseil war gerissen. Die Reparatur dauerte einen Tag.

Wir hatten in München angerufen und Dr. B. unser Missgeschick ausrichten lassen. Als ich Silke brachte, erklärte B., er werde sie wegen dieser Unzuverlässigkeit nicht behandeln. Als ich von dem Seilzug sprach, zog er die Augenbrauen hoch. Als ob es keine anderen Verkehrsmittel gäbe, um eine motivierte Patientin zu ihrem Therapeuten zu bringen!

Ich ärgerte mich über seine Anmaßung. Er konnte unsere Motivation nicht besser beurteilen als wir selbst. Sein Hochmut schien mir zu Matusseks nicht weniger selbstherrlichem Vorschlag zu passen, die Schwangerschaft zu unterbrechen. Vielleicht hatte Silke die hormonelle Umstellung nicht verkraftet, vielleicht musste ich meine Überzeugung, sie sei geheilt, doch nicht aufgeben, es konnte ja noch alles gut gehen.

*

Der Umzug nach Feldafing änderte wenig an meinem, aber viel an Silkes Leben. Sie hatte wenig Freude am Garten. Die Schwabinger Freundinnen und Me waren ferngerückt. Während sie früher nur ins Nebenhaus gehen musste, um Frigga zu treffen, blieb ihr meine zurückhaltende Mutter fremd.

Die sieben Monate in Vicchio würden bald auf die Zeit der Schulferien schrumpfen. Wir hatten überlegt, die Erstgeborene in Vicchio einzuschulen, den Gedanken aber bald aufgegeben. Unsere Versuche, jeden zweiten Tag Italienisch miteinander zu sprechen, um sie zweisprachig zu erziehen, scheiterten an dem energischen Protest der Tochter. Um dieses Manöver durchzuhalten, hätten wir auch sicherer sein müssen, dass es eine gute Idee sei, ihr die italienische Dorfschule zuzumuten.

*

Klaus Piper hatte mich gleich nach Abschluss des ersten Vertrages gefragt, was ich an Projekten in der Schublade hätte. Laut diesem Vertrag musste ich jedes künftige Buchprojekt zuerst ihm anbieten. Und ich bot an: eine kritische Darstellung der antiautoritären

Erziehung und ein Buch über Aggression mit meiner Kritik an Konrad Lorenz. Ideen gab es genug. Ich dachte an die Sommer in Vicchio, wenn ich jeden Tag fünf bis zehn Seiten schreiben wollte.

In der *Selecta*-Redaktion hatte ich einen früheren Mitstudenten getroffen, Jürgen vom Scheidt, der in der Nymphenburger Verlagshandlung als Lektor arbeitete. Er lud mich ein, mit ihm zusammen ein »Handbuch der Rauschdrogen« zu verfassen. Ich hatte bereits einiges an Material gesammelt, unter anderem für eine Titelgeschichte über LSD, das in Kalifornien zur Modedroge geworden und später verboten worden war.

Wir verteilten die Aufgaben und arbeiteten uns zügig voran. Im Frühjahr 1971 erschien die erste Auflage unseres »Handbuchs der Rauschdrogen«. Es ist bis heute, immer wieder überarbeitet, auf dem Markt. Bibliothekarinnen haben mir anvertraut, es sei eine Zeit lang das am meisten gestohlene Buch in öffentlichen Büchereien gewesen.

Im Herbst 1971 tagte der kürzlich gegründete Verband deutscher Schriftsteller in Berlin. Er wollte etwas für die vom konkurrierenden Pen-Club vernachlässigten Sachbuchautoren tun und lud Jürgen vom Scheidt und mich zu Vorträgen ein. Wir sollten über Rauschdrogen und Literatur sprechen. Zu diesem Anlass wurden wir nicht nur vom damaligen Regierenden Bürgermeister Klaus Schütz empfangen, sondern auch von Günter Ammon. Ich kannte Ammon bis zu diesem Zeitpunkt nicht persönlich, hatte aber bereits mit ihm korrespondiert, weil er im Vorjahr in München auf Einladung der Studentenberatungsstelle einen Vortrag gehalten hatte, über den ich in *Selecta* berichtete.

Ammon hatte in Topeka bei Karl Menninger gearbeitet, einem Vertreter der Dynamischen Psychiatrie. Er versprach, dessen Theorie und Praxis in Deutschland einzuführen. Er beklagte die verkrusteten Strukturen der biologischen Psychiatrie wie der traditionellen psychoanalytischen Ausbildungen und vertrat eine analytische Gruppendynamik. Sie sollte in einer repressiven Gesellschaft befreite Gebiete schaffen.

Ammon hatte auf meine Berichte in *Selecta* reagiert. Er wollte die Adresse des Autors mit dem Kürzel W.S. wissen, bestellte Sonderdrucke und schrieb mir schwärmerisch, ich habe ihn aus einer Isolation erlöst, in die er mit seinen fortschrittlichen Ideen in Deutschland geraten sei. Er bat mich, einen von ihm initiierten Kongress in Paestum in Italien zu besuchen, wo zwei von ihm gegründete Vereine, die Deutsche Gruppentherapeutische Gesellschaft und die Deutsche Akademie für Psychoanalyse, tagen sollten.

Der Selecta-Verlag wollte die Reise nicht finanzieren. Aber ein Kongressbericht aufgrund der mir zur Verfügung gestellten Manuskripte wurde gedruckt; er las sich, als sei ich dabei gewesen.

Ich hatte Ammon von meinem Vortrag auf dem Schriftstellerkongress im November 1971 berichtet. Er lud Jürgen vom Scheidt und mich für den Tag danach in sein Institut in der Uhlandstraße am Kurfürstendamm ein. Es war ein Altbau mit vielen Messingschildern neben dem Eingang.

Ammon trug einen blauen Maßanzug mit Nadelstreifen und führte uns durch lange Gänge zu dem psychoanalytischen Kindergarten, den seine Frau Gisela auf demselben Stockwerk leitete. Besonders stolz war er auf den Matschraum. Seine Tochter Julia sprang kurz auf den Vater zu und war gleich wieder weg. Gisela Ammon, so dünn, wie er dick war, mit großäugiger Brille und blondem Bubikopf, begrüßte mich mit einem schwachen Druck einer hoheitsvoll gereichten Rechten.

Ammons Sprechzimmer war weit größer als das von Freud in Wien, erinnerte aber mit den Samtportieren, der mit Teppichen belegten Couch und den alten Möbeln an Quelle und Ursprung dieser von mir sehr misstrauisch beäugten Kunst. Ammon zeigte mir die Selbsterfahrungsgruppe nebenan und stellte dieser Gruppe den Autor aus München vor. Im Seminarraum des Lehr- und

Forschungsinstituts der Deutschen Akademie für Psychoanalyse gab es Bouletten und Sekt mit Orangensaft.

Auch Ammons Mitarbeiter trugen Vollbärte und feinen Zwirn. Hier werde die Tradition des Berliner Instituts von 1920 belebt, sagte Ammon. Kandidaten würden als Dozenten arbeiten, und alle zusammen lernten in lebendigen Gruppen. Er habe sich mit der Deutschen Psychoanalytischen Vereinigung über die Frage zerstritten, ob seine hochbegabte Frau Gisela als Lehranalytikerin tätig sein dürfe. Er sei ausgetreten und habe einen eigenen Verein mit einer eigenen Ausbildung gegründet, die Deutsche Akademie für Psychoanalyse.

Ich sagte, ich fände es schade, dass es ein solches Institut nicht auch in München gebe. Ammon versprach, mich mit einem Arzt bekannt zu machen, der jede Woche aus München einfliege, um bei ihm seine Lehranalyse zu absolvieren. Nachher meinte Jürgen vom Scheidt, viel weniger beeindruckt als ich: »Wenn der Ammon weg ist, bricht doch dieser ganze Laden auseinander!«

»Ich weiß nicht«, sagte ich zögernd.

Ich wollte neben Ammon stark sein, ein Kampfgenosse, ein Publizist, der einer guten Sache zu mehr öffentlicher Geltung verhilft. Ich wollte eine analytische Ausbildung machen und meine wachsende Unsicherheit überwinden. Ich durchlitt die Spannung des Eitlen, der Linderung von Schwächen ersehnt, die einzugestehen sein Stolz ihn hindert. Ich suchte Ammons Nähe in der Hoffnung, irgendwann ein Stück von der Heilmacht zu gewinnen, die er – vielleicht? – aus der Menninger-Klinik mitgebracht hatte. Karl Menningers Buch über *Leben als Balance* war eine der wichtigsten Quellen für die *Psychiatrie für Betroffene* gewesen.

Im Herbst 1971 erschien mein zweites Buch in der Nymphenburger Verlagshandlung, eine Geschichte der Psychotherapie mit dem Titel *Psychotherapie – ihr Weg von der Magie zur Wissenschaft*. Im Zusammenhang mit meinen mythologischen Studien war ich auf den Schamanismus gestoßen und hatte dazu einige Aufsätze veröffentlicht. Jürgen vom Scheidt unterstützte das Projekt; der Verleger Berthold Spangenberg ließ sich überzeugen, obwohl sich Geschichte – so sagte er – schlecht verkaufe.

Während routinierte Autoren auf Vorschüssen bestehen, war ich damit einverstanden, meine Honorare erst nach dem Verkauf der ersten Auflage zu erhalten. Die Honorare für Ausgaben in anderen Sprachen wurden geteilt, ebenso wie die für Taschenbücher. Der Verlag konnte zufrieden sein; die Psychotherapiegeschichte wurde in drei Sprachen übersetzt und kam schließlich noch als Taschenbuch heraus.

*

Je mehr ich mich in meine Arbeit vertiefte, desto weniger Platz hatte Silke in meinem Leben. Sie sollte mir den Rücken freihalten und punktgenau selbständiger werden, wenn ich es brauchte. Das gemeinsame Leben in einer zwischen München und Vicchio schwebenden Zeitkapsel gab es nicht mehr.

Ich hatte nie das Gefühl gehabt, besonders viel Selbstvertrauen oder Mut zu besitzen, aber das Wenige, was ich hatte, unterstellte ich selbstverständlich auch Silke als sicheren Besitz. Wenn sie sich dann aber anders verhielt, schien mir das wie ungenügendes Bemühen, böser Wille und Weigerung. Wie flink Silke arbeiten konnte, hatte sie mir bei der Renovierung des Hauses gezeigt. Ich wäre nie auf den Gedanken gekommen, ihre Arbeitskraft geringer einzuschätzen als meine eigene; sie war vielleicht langsamer, dafür aber auch sorgfältiger.

Wenn nach einem Vulkanausbruch Lava Felder und Gärten bedeckt, scheint erst einmal alles Leben ausgelöscht. Aber nach einigen Jahren siedeln sich Flechten an, organische Substanzen füllen winzige Gruben, die ersten Pflanzen keimen und vergehen. Sie reichern in ihrer kärglichen Wachstumsspanne organische Stoffe an, in denen neue, stärkere Stängel und Blätter gedeihen, bis am Ende die ersten Flugsamen von Bäumen Wurzeln in die Dunkelheit senden, in unersättlicher Suche nach Wasser und Material für ihr Wachstum.

Wir kennen das Geheimnis der Entstehung unseres Bewusstseins nicht. Wir wissen aber, dass es durch chemische oder mechanische Störungen unseres Nervensystems verdunkelt und verwirrt werden kann. Wenn wir von unserem menschlichen Größenwahn lassen, wird uns klar, dass dieses Bewusstsein den winzigen Pflanzen in den Gruben erkalteter Lava gleicht. Es ist eine prekäre Ausnahme, Erzeugnis einzigartig günstiger Umstände, wie doch auch unser Planet mit seiner Hülle atembarer Luft die prekäre Ausnahme in einem Sonnensystem ist.

In einer Welt glühender oder im absoluten Nullpunkt erstarrter Materie ist das Leben die größte denkbare Ausnahme. In der Welt des blind keimenden, gestaltlos wuchernden, um sich greifenden und doch stets bedrohten Lebens ist das Bewusstsein eine ebenso große Ausnahme. Könnte es sein, dass der Wahn näher bei dessen Ursprüngen ist, so wie das magische Denken älter und oft stärker ist als das kritisch-rationale?

Wie sich das Leben an den Abhängen des Vulkans gegen die mörderischen Elemente nicht wehren kann, dann aber doch durch kleinste Schritte einen aussichtslos erscheinenden Kampf gewinnt, wird auch das einsichtige, orientierte, gütige und weise Ich, das Menschen wie einen sicheren Besitz genießen, vom Ausbruch einer Psychose derart überwältigt, dass wir nicht einmal mehr Spuren von ihm auffinden. Im Krieg, in Fanatismus und Terror ist es ähnlich. Wir können uns nicht vorstellen, dass in derart verwüsteten Seelen wieder Einsicht und Gewissen wachsen.

Leitbild und Norm unserer aufgeklärten Gesellschaft ist der Erwachsene, reif, autonom, Herr seiner Triebe, Lenker seiner Sehnsucht nach Selbstvergessenheit und Wahn. Aber die Regel ist er keineswegs. Wir gewinnen eine verlässlichere Orientierung, wenn wir davon ausgehen, dass nicht die Vernunft, sondern im Gegenteil Wunschdenken und Wahn primär sind. Wir sollten stets mit ihrer Vorherrschaft rechnen.

Das seiner Grenzen und Unsicherheiten bewusste Denken ist die Ausnahme, das Produkt günstiger Umstände, wie die Steinbrechblüte in der Lavaspalte. Bezogen auf die Menschheit ist dieser Gedanke unheimlich. Was gegenwärtig auf dem Planeten geschieht, ist wenig geeignet, die Vision zu entkräften, dass Ignoranz mächtiger ist als Vernunft, Gewissen und Einsicht.

Für die Einzelnen freilich kann der Gedanke eine tröstliche Qualität gewinnen. Bei gesundem Verstande zu sein darf Ausnahme sein, muss nicht Zwang und Regel werden. Für den Seelenarzt enthält das ebenso viel Trost der Selbstbescheidung wie für seinen Patienten, und es ebnet den Unterschied zwischen beiden auf eine Weise ein, die man für bekömmlicher und realistischer halten mag als die Sandburgen, welche die helfenden Berufe so gerne errichten und mit ihrer Standesethik verzieren, wie Kinder die vom Papa gebaute Sandburg mit Muschelscherben.

Muscheln sind hart und haben klare Konturen. Das heißt nun aber nicht, dass die mit ihnen geschmückten Wälle der Flut standhalten. Silke hätte eine andere Welt gebraucht. Sie hat mich überschätzt, und ich habe sie im Stich gelassen. Sie hat sich selbst überschätzt und mich überfordert. Ihre Sensibilität bezog sich nicht auf die Ökologie, obwohl sie ein tiefes Empfinden für die Schönheit von Landschaft und Natur hatte, sondern auf die Kunst und auf die Menschen. Sie konnte beides nicht trennen.

Der Künstler ist stets auch Pygmalion, ein Bildhauer, der sich in das von ihm geschaffene Bild verliebt und darüber verzweifelt, dass es stumme Materie bleibt und ihm nicht die Hände entgegenstreckt, um seine Umarmung zu erwidern. Ich verwandelte mich, und Silke glaubte, mich zu dem gemacht zu haben, was sie brauchte. Und eine Strecke des Weges gelang es uns beiden auch, das Ergebnis dieses Schöpfungsaktes zu bewahren. Jeder von uns zeugte sein Gegenüber, erweckte es zu einem Leben, zu Möglichkeiten, die es bisher nicht besessen hatte. Symbol dafür war das Haus in der Toskana. Es fiel uns in den Schoß, es vereinte uns, es war eine Brücke.

Dann aber wollte ich mehr. Es braucht zwei Menschen, um eine Beziehung aufzubauen, zerstören kann sie einer allein. Ich wollte nichts zerstören, ich wollte aufbauen, verändern, verbessern. Aber das war *mein* Plan, und je einsamer ich mit ihm wurde, desto hartnäckiger hielt ich an ihm fest und ließ Silke liegen, um neuen Halt zu finden. Ich wollte anderes, ich wollte etwas Neues. Das neue Symbol war, es klingt verrückt, die Übersetzung dessen, was mit Silke intim gewesen war, in eine öffentliche Rolle. Das Private wurde professionell, ich wollte anerkannter Therapeut sein, nicht mehr erotischer Retter.

XXI

Unsere Situation änderte sich 1970, tückisch unter dem Anschein des Fortschritts. Ich plante eine psychoanalytische Ausbildung und wollte ein Haus auf einem Grundstück bauen, das mir meine Mutter geschenkt hatte. Silke wurde ein zweites Mal schwanger.

Hasste sie mich, misstraute sie mir, entwertete sie mich, wenn sie verrückt wurde? Oder wurde sie psychotisch, sobald sie Hass und Misstrauen nicht mehr verdrängen konnte? In ihren Wutausbrüchen, in höchster Erregung, kam an die Oberfläche, was in *ihr* an unterdrückter Rivalität steckte. Unter den Sätzen, die ich mir aus Hebbels Tagebüchern notiert habe, war neben dem Satz von den Menschen, die über jeder Suppe so lange den Kopf schütteln, bis ein Haar hineinfällt, auch der Vers: »*Spricht* die Liebe, so spricht / Ach, schon die Liebe nicht mehr!«[15]

Ich verstand nicht, weshalb Silke nach einigen Fahrstunden die Absicht wieder aufgab, den Führerschein zu machen. Das Auto blieb für sie ein wildes Tier, sie behandelte es immer gleich verkrampft und furchtsam. Warum nur? Es konnte nicht an ihren Fähigkeiten liegen, sie war praktisch begabt, ging geschickt mit ihrer Nähmaschine um.

Ich hatte keinen Begriff von der Macht der Angst im menschlichen Leben. Wenn ich heute glaube, davon mehr zu verstehen, hängt das auch damit zusammen, dass die Mutter aller Ängste, die Todesangst, sich erst im höheren Alter zu erkennen gibt. Erst dann zeigt sich, wie eng sie mit der ersten aller Ängste, der Angst vor dem Verlust, verschmolzen ist, die Freud in einer seiner drastischen Verkürzungen Kastrationsangst nennt. Wenn Silke sich mir nicht nahe fühlen konnte, weil ich über ihre Bedürfnisse hinwegging, wurde sie von einem Gemisch aus Wut und Angst überschwemmt. Die Wut gebot, mich für meinen Verrat zu bestrafen und zu zerstören, um mir ein für alle Male klar zu machen, dass ich das nicht tun durfte. Die Angst warnte davor, mich zu reizen, und schauderte über die Folgen meiner Vernichtung.

Dieses Gemisch wilder Gefühle in Schach zu halten und jenes freundliche, nachgiebige Wesen an den Tag zu legen, das zu ihrer »gesunden« Fassade gehörte, kostete Silke viel Energie. Daher war sie in Feldafing, wo ich viel häufiger unterwegs war, um meine Projekte voranzutreiben, längst nicht so tüchtig und patent wie in der kleinen Münchner Wohnung oder in Vicchio.

Sie begann über ein Übermaß von Arbeit zu klagen, wünschte sich eine Putzfrau, nannte mich geizig. Sie nahm das erschrocken zurück, als sie bemerkte, wie gekränkt ich war. Ich war ökologisch verantwortungsbewusst, eine Spülmaschine kam mir nicht ins Haus, lieber spülte ich selbst ab, sie sollte immer nur alles stehen lassen. Ich kaufte einen kleinen Schwarzweißfernseher, stellte ihn neben das Spülbecken und konnte mir nicht verkneifen, Silke fühlen zu lassen, dass mit ein bisschen Organisation Hausarbeit kein Problem sei, sondern Spaß mache.

Ich fing an, mich der Illusion zu schämen, ich könnte Silke heilen. Ich distanzierte mich von dem Versuch, aus Lesefrüchten eine Laientherapie für Psychosen zu basteln. Zu den Auffassungen des psychiatrischen Establishments von der Stoffwechselstörung bin ich nicht zurückgekehrt. Die kläglichen Belege, welche von dem medizinisch-pharmazeutischen Komplex angesichts der genetischen Ursachen von Phobie und Depression zusammengetragen wurden, überzeugen mich nach wie vor nicht. Aber ich sehe auch nicht mehr in jedem Neurobiologen einen verkappten Faschisten.

Menschliche Schicksale sind komplizierter, als es die Instrumente der psychologischen und neurologischen Forschung wahrhaben wollen. Die Schäden, welche traumatische Ängste anrichten, können tiefer reichen als alle Werkzeuge der Psychotherapie. Niemand kann sagen, ob Silke und ich uns ohne unsere Traumatisierungen und Defizite auf unser Abenteuer eingelassen hätten, so wenig wie jemand wissen kann, ob es den Mitgliedern einer belasteten Familie auf lange Sicht besser bekommt, wenn die Eltern sich trennen oder beisammen bleiben. Als geringe Buße für meine Schuld habe ich Silke nach unserer Scheidung bis zur ihrem Tod finanziell unterstützt, in Erfüllung einer Vereinbarung, die ich schließlich als gerecht akzeptieren konnte.

Mit Frigga habe ich mich nie ausgesprochen. Wir waren Schicksalsgenossen, hatten versucht, Silke Halt zu geben, und unbewusst Halt an ihr gesucht, waren beide eine Zeit lang glücklich mit ihr und doch daran gescheitert, sie vor ihren Zusammenbrüchen zu bewahren.

Während ihrer ersten Psychose hatte die 17-jährige Silke einen Vers aufgeschrieben, der prophetisch war: »Wer so schwach ist wie wir, der kann nur sein in den anderen!« Als Silke während einer Psychose Frigga plagte, schrie die Mutter ihre Tochter an: »Was bist du denn ohne mich? Ein Nichts!« Silke erzählte davon während unserer Selbstbefreiungstherapie. Sie unterstützte so die Theorie der schizophrenogenen Mutter, die ihr Kind nur als Spiegel des eigenen Selbst gelten lassen kann. Später konnte ich mich in Friggas Überforderung wieder einfühlen, die sich in solchen Sätzen verbarg.

Kein Mensch ist eine Insel, richtig, aber jeder sollte einen insularen Kern haben, etwas, das er anderen nicht geben und das er ebenso wenig von ihnen bekommen kann. Bei Silke gab es diesen Kern in guten Zeiten; in schlechten zeigte sich, dass er nicht stabil war, nicht fest zusammenhielt, sondern in Fragmente zerfiel, sobald ein unsichtbarer Magnetismus schwand.

Silke hatte mir vorgeworfen, ich sei ihr Vampir, würde von ihrem Blut leben und daraus meine Erfolge ziehen. Ich schrie sie nicht an, sie sei ein Nichts. Ich behandelte sie so. Das geschah, als mein Bruchpunkt überschritten war und ich mit der ganzen rücksichtslosen Selbstbezogenheit eines Angsterfüllten nach einer Lösung griff, in der sie nicht mehr vorkam.

*

Der Reihe nach kann ich eine solche Geschichte nicht erzählen. Mit dem Haus in Feldafing kündigte sich Sesshaftigkeit an. Ich hatte Ammon gefragt, ob er nicht ein Ausbildungsinstitut in München eröffnen wolle.

Als Student hatte ich einer Psychologin bei der Statistik ihrer Doktorarbeit geholfen. Wir hatten uns angefreundet. Sie begann eine psychoanalytische Ausbildung an dem Münchner Institut für psychologische Forschung und Psychotherapie. Dozenten und Lehranalytiker traten in ihren Erzählungen überkandidelt und hochnäsig auf. Die Lehranalytikerin meiner Bekannten ließ sich Mentorin nennen. Frau Herzog-Dürck war bereits im Göring-Institut in Berlin aktiv gewesen, in dem ein Amalgam aus Nationalsozialismus und Psychoanalyse geschaffen werden sollte.

Sie schien mir eine ebenso doktrinäre wie autoritäre Form der Psychotherapie zu vertreten. »Ich *muss* in dieser Analyse zu meiner Mentorin gehen«, sagte meine Bekannte. »Anders kann ich die Ausbildung nicht machen, bekomme ich später keine Kassenzulassung. Die brauche ich aber. Vielleicht mache ich noch eine richtige Analyse, wenn ich die Lehranalyse hinter mir habe!«

Sie hat das später tatsächlich getan, mir aber die Bereitschaft verdorben, an diesem Institut eine Ausbildung zu machen. Zentrale Figur dort war Fritz Riemann, von dem es ein schönes Buch über *Grundformen der Angst* gibt. Angeblich hatte er kein abgeschlossenes Studium und glaubte an Astrologie. Das war nichts für mich.

Anderseits war ich seit 1969 Doktor der Psychologie und wollte mit meinen Kenntnissen auch etwas Praktisches anfangen. Die

Zeitschriften- und Buchveröffentlichungen hatten Volkshochschulen auf mich aufmerksam gemacht. Der Gedanke, dass es die Gesellschaft ist, die Menschen psychisch krank macht, lag mir aufgrund meiner Erfahrungen mit Silke am Herzen. Es ist ja ein großer, in den Jahren nach 1989 beliebter Irrtum, die Bewegung von 1968 sei »links« gewesen. Sie war reformatorisch, griff nach allem, was auch nur entfernt versprach, eine Gesellschaft zu verändern, die so viel technischen Fortschritt gebracht und doch die Gräuel von Weltkrieg und Massenmord nicht hatte verhindern können. Es durfte nicht so weitergehen wie bisher!

Was mich damals prägte, war eine dogmatische Überschätzung des Intellektuellen. Ich schrieb Plädoyers für Gruppentherapie und therapeutische Gemeinschaft. Ein Psychologe wurde aufmerksam, der in der katholischen Studentengemeinde in München mitarbeitete und mich für einen Kurs über Gruppenselbsterfahrung engagierte.

Ich fuhr in meinem Käfer über die Salzburger Autobahn nach Teisendorf. Eindrucksvolle, aus Tuffsteinen erbaute Bauernhöfe, ein modernes Jugendzentrum aus Sichtbeton und Glas. Ich wusste von Gruppendynamik nur aus der Literatur, aber ich wollte es probieren. Ich setzte mich unter die zwölf Männer und Frauen – Studenten, junge Akademiker, Lehrerinnen, ein Jesuit, eine Nonne in Zivil – und verlangte, die Gruppe müsse sich jetzt selbst erforschen. Es wurde eine spannende Woche, ich gewann sogar eine erste Patientin, die bei mir eine Psychotherapie machen wollte.

Beim Abendessen wurde ich gefragt, ob ich denn eine Lehranalyse gemacht hätte. Ich schämte mich, diese Frage zu verneinen, ließ es mir aber nicht anmerken und behauptete forsch, es sei nicht erwiesen, dass Selbsterfahrung die Kompetenz eines Therapeuten verbessere.

Eigener Ehrgeiz, Heilung für Silke und psychologische Besserung der Welt flossen in meinem Erleben wie Aquarellfarben ineinander. Daher hatte ich auch kein Verständnis, wenn Silke klagte, dass ich schon wieder zu einem Termin fuhr.

Es fällt mir schwer, sie in meinen Erinnerungen an diese Zeit zu finden. Ich erkläre mir das zum Teil mit der Enttäuschung über ihren Rückfall, zum Teil sehe ich darin aber auch ein Zeichen, dass sich erschöpft hatte, was ich von ihr lernen konnte. Ich wollte neue Wege gehen. Silke sollte das auch tun, damit sie nicht unzufrieden und unglücklich auf der Strecke blieb. Ich sah nicht, dass ihr dazu die Kraft fehlte. Ihr Gefühl, ich hätte sie ausgenutzt und dann zurückgelassen, kränkte mich in meinem Wunsch, kein schlechter Mensch zu sein. Aber Menschen verletzen einander in guten Absichten kaum weniger als in bösen.

*

Unsere zweite Tochter wurde im Dezember 1971 geboren; Silke war lange Zeit sehr schwach, weil sie wegen einer Placenta praevia, einer Fehllage der Plazenta, viel Blut verloren hatte. Im Frühsommer 1972 besuchte uns Ammon in Vicchio. Ich wartete unter einem Olivenbaum, während er seinen roten Citroën DS mit Berliner Kennzeichen neben unserem blauen Käfer parkte. Von da an führte ein Trampelpfad in zehn Minuten zu unserem Haus.

Die Ammons waren auf dem Weg nach Paestum. Sie kamen mit Julia Ammon, begleitet von einem Jungen aus dem psychoanalytischen Kindergarten. Das Auto fuhr ein blonder, vollbärtiger Student. Ammon behandelte ihn leutselig als Faktotum und Fahrer. Als wir einmal zu zweit waren, erklärte er mir, R. sei Patient, schwerkrank und sehr gebessert. Die Urlaubsbegleitung für Familie Ammon? *Milieutherapie!*

Unsere Älteste führte die Berliner Kinder über die Felder und verachtete sie, weil sie über die Brombeerranken jammerten. Ammon setzte sich in einen unserer Stühle. Gisela und R. gingen noch einmal zum Auto, um einen Fotoapparat zu holen. Silke wich in die Küche aus; Ammon war ihr unheimlich. Ich erzählte von einem für die Serie Piper geplanten Sachbuch über Sensitivitätstraining; er versprach, mir Literatur zur analytischen Gruppendynamik zu schicken, die er am Menninger-Institut kennengelernt habe und in der die von ihm gegründete Deutsche Gruppentherapeutische Gesellschaft lehre.

Ammon überspielte seine Kränkung, als ich seine Deutung der Nierensteine eines seiner Patienten als kristallisierten Seelenschmerz anzweifelte. Ich merkte an, das sei doch eher eine Metapher, ich könne mir vorstellen, dass Angst den Stoffwechsel, den Hormonhaushalt, vielleicht auch Trinkverhalten und Flüssigkeitsaufnahme beeinträchtige. »Ich habe nicht Ihren messerscharfen Verstand«, schmeichelte er.

Ich hatte Ammon erzählt, dass ich mit meinem vagabundierenden Leben als Autor nicht mehr zufrieden sei, meine Tochter werde bald eingeschult, da könne ich doch auch eine analytische Ausbildung machen. Ob man nicht so etwas wie das Berliner Lehr- und Forschungsinstitut in München gründen könne? Damals hatte Ammon den Kontakt mit Georg eingeleitet, mit dem ich mich bald zu einem ersten Gespräch in unserem Haus in Feldafing traf.

Georg war drei Jahre älter als ich. Er hatte eine Hausarztpraxis in München und schloss soeben ein Psychologiestudium ab. Ich bewunderte seine Energie und war für seine Schmeicheleien wohl noch empfänglicher als für die von Ammon. Er kannte die Psychotherapieszene viel besser als ich, wusste über Organisationen Bescheid, von denen ich noch nie gehört hatte, die aber in den nächsten Jahren auch für mich an Bedeutung gewannen.

Zu unserem ersten Treffen hatte Silke baltische Piroggen gebacken. Georg begleiteten zwei Psychologen, mit denen zusammen er seit einigen Jahren Gruppentherapeuten aus den USA nach München einlud, um von ihnen zu lernen. Er kannte auch Ruth Cohn, die Begründerin einer neuartigen Gruppenmethode, der themenzentrierten Interaktion. Und er war bei Ammon in Lehr-analyse.

Georg und ich blieben in den nächsten Jahren unzertrennlich. Ammon sollte nach München kommen. Georg wollte seine Ver-bindungen nutzen, um eine eigene, zunächst mit zwei Selbsterfah-rungsgruppen beginnende Psychotherapie-Ausbildung in Mün-chen auf die Beine zu stellen. Ich sollte an einer der Gruppen als Ausbildungskandidat teilnehmen und gleichzeitig als Dozent ar-beiten.

Vorher musste ich eine Lehranalyse beginnen. Georg wusste, bei wem: In einer Gruppe bei Ruth Cohn hatte er Edmund Früh-mann kennengelernt, einen Lehranalytiker des Salzburger Arbeits-kreises für Tiefenpsychologie.

*

Silke beobachtete meine Freundschaft mit Ammon, die Beziehung zu Georg und den Beginn meiner Analyse misstrauisch. Ich war von neuen Aufgaben und Eindrücken so in Beschlag genommen, dass ich nicht weiter darauf achtete. Für mich waren das alles logi-sche Schritte. Silke *wusste* doch, was mir wichtig war.

Meine Silke war Silke aber nicht mehr. Sie wollte das alte Leben behalten, in dem wir immer zusammen waren, alle Freunde ge-meinsame Freunde waren, in dem ich schrieb und sie den Haus-halt führte.

Im Frühjahr 1972 brach die Psychose wieder aus, heftiger als je zuvor. Damit fiel die letzte Rechtfertigung meiner Phantasie über Silkes Heilung in sich zusammen. Ich hatte geglaubt, sie sei durch den Stress der Schwangerschaft erkrankt. Damit hatte ich mich über mein Scheitern getröstet.

Ich konnte Silkes psychotische Krisen und Klinikaufenthalte nicht als etwas sehen, das unabhängig von mir in ihrer Verantwor-tung lag. Ich schämte mich für sie und empfand ihr Leid als mein \

Versagen. Wenn ich auf einen Brief den Stempel mit dem Titel Diplom-Psychologe drückte, stand jemand neben mir und flüsterte *Hochstapler*. Ich fühlte mich von Silke im Stich gelassen und wusste doch, dass sie nichts dafür konnte. Sie war Mächten ausgeliefert, die stärker sind als Entscheidungen. Ich nahm ihr übel, dass sie mein Bild von uns zerstört hatte. Und sie erlebte mich als Zerstörer des ihrigen.

Ammon hatte mich wieder auf den »Casa-Kongress« der von ihm gegründeten Fachgesellschaften eingeladen. Er sollte in Paestum stattfinden, wo Ammon ein Bauernhaus gekauft hatte. Berliner Patienten hatten die *Casa Ammon* während ihrer Milieutherapie renoviert, ein Schwimmbad betoniert und einen Innenhof mit einer Mauer umfriedet.

Eine solche Truppe aus Klienten seiner Berliner Praxis hatte Ammon mir auch nach Vicchio schicken wollen, damit sie dort einen Brunnen gruben und ein Bad kachelten. Als ich mit dem Hinweis ablehnte, es gefalle mir besser, so wie es sei, klopfte er mir auf die Schulter und sagte: »Sie haben ganz recht, Schmidbauer, es ist unglaublich, was diese Leute alles an Material brauchen und an Werkzeugen kaputt machen, es ist uferlos. Und dann behauptet die Presse, ich würde Patienten ausnutzen – das Gegenteil ist wahr, das Gegenteil.«

Ich hatte mit Silke nach Paestum reisen wollen, mit einem Zwischenaufenthalt in Vicchio. Silke aber war in der Klinik. Frigga versorgte unsere jüngere Tochter, meine Mutter begleitete mich mit der älteren. Ammon hatte uns eingeladen, in seinem Haus zu wohnen. Meine Mutter begegnete dem »Oberhaupt der Ammoniten« skeptisch. »Der platzt ja vor Eitelkeit«, sagte sie und ärgerte sich über die Unzuverlässigkeit von Gisela Ammon, die versprochen hatte, sie am Strand abzuholen, aber mehrere Stunden zu spät kam. »Sie hat sich nicht einmal entschuldigt, hochnäsige Frau Professor!«

Meine Mutter verstand zehnmal mehr von dorischen Tempeln und griechischer Geschichte als Ammon, sagte aber keinen Ton, als er weitschweifig über die Ausgrabungen sprach. Die Ammons hatten in Julias Kinderwagen Fundstücke aus den Tempelanlagen herbeigeschafft, die dann in die Mauern des Innenhofs eingelassen worden waren. Ein Hinterkopf aus weißem Marmor steckte neben dem Eingang wie eine in die Wand geschossene Kanonenkugel.

Ammon prozessierte mit Gemeindeverwaltung und Provinzregierung. Er wollte aus dem einst armseligen Bauernhaus in einer dem Landschaftsschutz unterliegenden Ebene ein Tagungszentrum machen. Ohne Genehmigung durch die Behörden hatte er bereits aufgestockt und Geräteschuppen, Außentoilette mit Dusche, Schwimmbad und Dachterrasse im geschützten Umland der Tempel bauen lassen. Über allem wehte die von ihm selbst entworfene Fahne seiner Deutschen Akademie für Psychoanalyse: ein Labyrinth als rote Spirale auf blauem Grund. Die staubige Zufahrt war durch ein improvisiertes Straßenschild zum *Philosophenweg* aufgewertet worden.

Ich fragte Ammon, ob er wisse, wie Freud das Labyrinth gedeutet habe? Er schüttelte den Kopf, ich scherzte: als Darstellung der analen Geburt, der Ariadnefaden sei die Nabelschnur. Der Scherz gefiel ihm nicht, aber gegen ein Freud-Zitat war er machtlos. Das Satteldach des Bauernhauses war durch eine Terrasse mit Brüstung ersetzt worden. Man konnte mit einiger Mühe die Tempel sehen. Schöner war der Blick nach Osten, auf die Vorgebirge des Cilento. Auf dieser Terrasse plauderten wir, als Ammon eine blaue Pappschachtel mit goldenem Wappen hervorholte und mir erklärte, er sei von einem lokalen Politiker zum Ordensritter ernannt worden.

Die Ehrenzeichen, ein großer und ein kleiner Stern an bunten Bändern, Gold und Emaille, hätten schweres Geld gekostet. Allerdings habe sich der vorausgesagte Eindruck des Cavaliere-

Titels auf die Baubehörde nicht bewahrheitet. Er müsse nun einen teuren Anwalt beschäftigen. »Das zum Frack, das zum Anzug«, sagte er und hielt mit spitzen Fingern blaugoldene Sterne in die Höhe. »Ach – ich sehe schon, Sie halten nicht viel davon. Ich eigentlich auch nicht. Ist eine Spielerei.«

Wir blieben drei Tage. Das Kongressprogramm wurde morgens auf eine große Schultafel geschrieben; es gab ein Rednerpult im Freien und Klappstuhlreihen unter einem Sonnensegel. Fast alle Teilnehmer waren Kandidaten in Berlin. Die Eröffnung wirkte pompös durch einige Provinzhonoratioren, die sich in wohlklingenden und inhaltsleeren Reden ergingen.

Die wissenschaftlichen Vorträge hielten junge Ärzte, die bei Ammon ihre Therapieausbildung machten. Einer stotterte so sehr, dass ich vor Mitleid kaum zuhören konnte. Den Hauptvortrag hielt Ammon selbst. Er erklärte die psychosomatischen Erkrankungen mit einem »Loch im Ich«, einer strukturellen Störung der Entwicklung, ausgelöst durch eine belastende Familiengeschichte.

Gisela Ammon sagte etwas über kranke Kinder, ich hielt einen Vortrag über den psychosomatisch Kranken und die Gesellschaft. Alle Vorträge erschienen später in der von Ammon herausgegebenen Zeitschrift *Dynamische Psychiatrie*. Ammon ersuchte mich, in den Stab der Mitherausgeber dieser Zeitschrift einzutreten. Die Parallele zum obskuren *Ordine dei Cavalieri* mit den Insignien in der blauen Pappschachtel fiel mir später auf. Damals war ich sehr angetan von der Ehre.

Vor Tagungsbeginn frühstückten wir mit dem Ehepaar Ammon und den Kindern im Hof. Auch abends saßen wir zusammen. Hier fasste ich den Mut, Ammon von Silkes psychotischen Reaktionen zu erzählen. Er sagte, das Leben in Vicchio sei für Silke ein goldener Käfig. Sie brauche eine Therapie, aber es dürfte keine Routinetherapie sein, in Berlin hätte er, wie ich wisse, ausgezeichnete Möglichkeiten, aber in München? Ich fühlte mich wie beim

Besteigen eines Bootes in jener bangen Sekunde, wenn man noch nicht an Bord ist, aber auch nicht mehr an Land.

Für die Kinder sollte das Schwimmbad in Betrieb genommen werden. Das Becken gab es schon länger, tief und anthroposophisch geschwungen. Ammon hatte es bauen lassen, ohne sich über die Wasserversorgung zu informieren. Dann war ein Brunnen gebohrt worden. Ein Ingenieur aus einer der milieutherapeutischen Gruppen montierte eine mitgebrachte Pumpe. Das Wasser begann zu strömen – rostbraun, als hätte er eine Kloake angezapft.

Ich habe noch Fotos von diesem Kongress, ich sehe mich, sehr ernst, in einem dunkelblauen Anzug mit Krawatte, neben Gisela und Günter Ammon. Ich versuchte mich so wichtig zu nehmen, wie mich Ammon zu nehmen schien, wurde aber das Gefühl der Hochstapelei nicht los. Waren wir die, die wir vorgaben zu sein, oder die erwachsene Variante des psychoanalytischen Kindergartens? Meine Mutter mag es so gesehen haben, war aber zu schüchtern, es laut auszusprechen.

*

Ich hatte nach meiner Promotion die Hochschule verlassen. Albert Görres, mein Doktorvater, den ich nach einer Stelle fragte, wurde unzugänglich, als ich ihm von Ammon erzählte. Ich mied jetzt die Universität ebenso wie die anerkannten, in sich ruhenden psychoanalytischen und psychiatrischen Institutionen – zu trotzig, mich unterzuordnen, aber doch in der heimlichen Sehnsucht, einen Ruf zu erhalten, eine Anerkennung meiner Arbeiten im Dienste der Psychoanalyse und der Dynamischen Psychiatrie.

XXII

Meine Erinnerungen führten mich in dem Bestreben, Silke zu finden, wieder von ihr fort. Sie beflügelte mich nicht mehr, wie zu den Zeiten der toskanischen Landnahme; sie hemmte mich. Ich war erleichtert, wenn ich an anderes denken und mich mit anderem beschäftigen konnte. Ich schämte mich ihrer, auf die ich einmal so stolz gewesen war. Ich wollte meine Scham verbergen. Es hatte mich große Mühe gekostet, Ammon von ihrer Erkrankung zu erzählen.

Ich verachtete ihre Unselbständigkeit, ihre Ängste angesichts meiner neuen Freunde, ihr Unverständnis für meine Doppelrolle als Ausbildungskandidat und Dozent an dem neu gegründeten Institut von Ammons Deutscher Akademie für Psychoanalyse in München. Bald stand ich sogar als Leiter des Münchner Instituts der Deutschen Gruppentherapeutischen Gesellschaft im Nachrichtenteil der *Dynamischen Psychiatrie*.

Silke war unselbständig, sie hatte keinen interessanten Beruf, sie konnte nicht einmal Auto fahren. Bisher hatte es mir nichts ausgemacht, den Chauffeur zu spielen. Sie verkörperte jetzt eine Niederlage. Notgedrungen hatte ich mich zum Heiler ernannt, dem gelingen sollte, worin andere versagt hatten. Ich war gescheitert und wollte das, was ich geglaubt hatte, schon zu können, jetzt wirklich lernen. In der Verbindung mit Ammon konnte ich Bruchteile der einstigen Selbstüberschätzung erhalten. Ich bemühte mich, neben dem eifrigen Ausbildungskandidaten ein guter Ehemann und Vater zu sein. Silke musste autonom werden, musste lernen, ohne mich zurechtzukommen! Ich unterstützte die Gruppentherapie, die Silke bei dem von Matussek benannten Therapeuten in München begann.

Der Therapeut behauptete, er könne keinen Kassenantrag stellen; das sei bei Silkes Vorgeschichte mit schizophrenen Schüben nicht aussichtsreich. Heute weiß ich, dass das ein Vorwand war, um dieser von vielen Therapeuten gemiedenen Auflage zu entgehen. Also zahlte ich und redete Silke gut zu, die nach den ersten Sitzungen entsetzt aus München zurückkam. Da seien Patientinnen jahrelang in der Gruppe und immer noch nicht geheilt. Die hätten auch Probleme, die sie gar nicht kenne, beispielsweise Angst vor Sexualität oder Depressionen. Was das helfen solle?

Ich wusste jetzt, dass ich viel zu verstrickt war, um etwas zu tun; gleichzeitig *musste* ich doch etwas tun, um die Probleme zu lösen, die wie Schlangen in einem Albtraum aus allen Winkeln krochen. Wenn ich schon meine Frau nicht retten konnte – dann musste ich wenigstens die Kinder retten. Ich musste mich trennen, aber ich konnte mir gar nicht vorstellen, das zu leisten. Ich fürchtete mich, bei Silke zu bleiben, und ich fürchtete mich, ohne sie zu sein. Ich war in Analyse, aber ich hatte oft das Empfinden, gar nicht ausdrücken zu können, wie unerträglich es war, zu bleiben, wie undenkbar, zu gehen. Mir war zum Heulen, aber ich habe nie geweint.

Es hat viele Jahre gedauert, bis ich mich über diese Krise mit mir selbst und auch mit Silke versöhnen konnte. Ich liebte meine Töchter, ich bereute meine Ehe. Das lässt sich in einem Kopf nicht zu Ende denken, sooft man damit anfängt. Immer wieder baute ich die Illusion auf, ich könnte aus meinem Leben aussteigen, könnte in eine Zeit zurückkehren – hatte mich meine Mutter nicht gewarnt? –, in der meine Entscheidungen noch frei gewesen waren.

In diesem Trennungs- und Abschiedskampf mit Silke dachte ich nicht mehr über die Hintergründe ihrer Psychosen nach. Ich hatte gegen die biologischen Erklärungen gekämpft, gegen die resignative und oberflächliche These von den Erbanlagen. Jetzt hätte ich mir mein Scheitern mit dieser These erklären können, aber ich erklärte mir lieber gar nichts. Mit dem heutigen Abstand sehe ich, welche Forderungen damals auf Silke zugekommen waren.

Sie hatte sich gefestigt, weil sie meiner Liebe sicher war. Neben dieser sozusagen horizontalen Koordinate, die ihr Halt gab, wirkte eine vertikale: die Liebe zu unserer ersten Tochter und die Liebe zu ihrer Mutter. So in der Welt verankert und in den zwei von ihr intensiv (mit)gestalteten Räumen in Vicchio und in der Zweizimmerwohnung im Haus neben der Wohnung Friggas geborgen, konnte sie an sich glauben, sich ausreichend mit Wertschätzung versorgt fühlen und jene Ängste bannen, die im Untergrund lauerten, ausgelöst durch die Verstörungen ihrer Kindheit.

Diese Ängste waren scheinbar bewältigt und in dieser scheinbaren Bewältigung unzugänglich. Solange ihre Welt stabil war, lebte Silke damals gut und leicht. Sie brauchte keine Medikamente und empfand nichts von dem Leidensdruck, der einer Psychotherapie den Zugang öffnet. War sie aber instabil, ließ sie sich nicht mehr erreichen.

In meinem Glauben, sie heilen zu können, hatte ich Silke nicht in die Realität geholt und tauglich gemacht, mit dieser fertig zu werden. Ich war mit ihr ausgestiegen und ihr entgegengekommen, lebte in ihrer Welt, hatte ihre Sprache gelernt, wir hatten ein Amalgam aus ihren und meinen Träumen zu einer Plombe geformt, die ihr brüchiges Selbstgefühl und ihren irritierten Weltbezug festigte.

Als ich vorschlug, den zu eng gewordenen Käfig zu erweitern und zu verändern, hatte Silke zugestimmt – kein Wunder, wir *planten* das in einer Geste, als würde sich gar nichts zwischen uns und um uns ändern, als würde alles nur größer und bequemer, bliebe aber dasselbe. Wir überschätzten die Macht der Phantasie, es sei möglich, etwas zugleich zu verändern und zu behalten.

Später habe ich die Sprichwörter gesammelt, welche solche Phantasien spiegeln: Du kannst nicht mit einem Hintern auf zwei

Hochzeiten tanzen; du kannst den Kuchen nicht essen und behalten; *non si può avere la botte piena e la moglie ubriaca.* Der italienische Spruch gefiel mir besonders gut, weil er das Dilemma mit Humor vergoldet: Man kann nicht das Fass voll und die Frau betrunken haben!

Diese Sprichwörter banalisieren, was geschah. Heute glaube ich mehr von dem zu verstehen, was ich damals als schlichte Alternative zwischen dem Angeborenen und dem Erlernten sah. Es gibt seelische Wunden, die nicht heilen, wie es der Gedanke nahelegt, dass durch Lernen geradegebogen werden kann, was durch Lernen verkrümmt wurde.

Silke war als kleines Kind in ihrer Fähigkeit überfordert worden, Angst und Wut zu verarbeiten. In Silkes Baby- und Kleinkindalter gab es keinen Raum für andere Gefühle als die einer Trösterin der armen, verlassenen Mutter. Dabei war Silke doch selbst die Verlassene, die Ungetröstete, die – verglichen mit den Schwestern – Entwertete.

Sie hatte mehr als genug Gründe, jene ausweglose Spannung zwischen Wut und Angst zu empfinden, die einen Menschen erfüllt, dem Unrecht geschieht, ohne dass er sich wehren kann. Um Schlimmeres zu verhindern, musste sie ihre Gefühle fälschen, ihren Zorn verbergen, wie man ein wildes Tier einsperrt und Wachposten aufstellt, damit es nie und nimmer aus seinem Verlies entkommt.

Die Küchenpsychologie sagt, dass der Depressive seine Aggression gegen sich selbst richtet. Das liegt nahe – er quält sich mit Vorwürfen, Schuldgefühlen, Entwertungen. Aber was ihn am meisten belastet, geschieht in einem Stockwerk tiefer, in einem dem Bewusstsein unzugänglichen Bereich, in dem die unterdrückte, aber nicht überwundene Wut durch heftige Angst in Schach gehalten wird.

Wer einen Teil seiner seelischen Kräfte in Anstrengungen bindet, normaler als normal zu sein, nur gute und seiner Umwelt förderliche Gefühle zu haben, der Sonnenschein einer verlassenen und entwerteten Mutter zu sein, der ist nicht in der Lage, die Autonomieansprüche der erwachsenen Welt zu erfüllen.

»Wer so schwach ist wie wir, der kann nur sein in den anderen.« Silke hatte ihren ersten psychotischen Zusammenbruch auf diesen Vers gebracht. Aber sie konnte keineswegs in *jedem* anderen sein. Es musste da ein Entgegenkommen geben, eine Nähe, wie zwischen zwei Flugzeugen, von denen sich das eine in der Luft betanken lässt. Der Vers wies keinen Weg aus dem Dilemma, wenn sich der *andere,* in dem sich die Schwache bisher gestärkt hat, so verändert, dass er unbewohnbar wird.

Es ist eines der genialen Modelle Freuds, dass aus den Tiefen unserer organischen Natur Ansprüche an das bewusste Ich wachsen. Freud zählte zu diesen Imperativen auch die Aggression in der Gestalt eines Todestriebes. Das ist in dieser Form nicht gültig, lässt sich aber doch als Metapher schätzen, welche uns den Ernst der Sache nahebringt. Wer, wie Silke, als Kind gezwungen wird, sich selbst als gutes, gehorsames und dankbares Kind zu gestalten und zu erleben, kann keinen gesunden Egoismus, keine normale Kraft zur Durchsetzung der eigenen Interessen entwickeln. Indem alles Unpassende geleugnet wird, scheint alles zu passen. Und wenn es sich nicht mehr leugnen lässt, passt gar nichts mehr.

*

Silke träumte von einer Welt, die besser war als die reale. Frigga hatte ihr diese Welt des Schönen gezimmert, um sich in diese Welt mit dem Einzigen zu flüchten, was ihr nach ihrer gescheiterten Ehe und dem Tod von Silkes Vater noch geblieben war. Aber während Frigga in diese Welt eintreten und sie auch wieder verlassen konnte, war Silke in ihr gefangen, ohne es zu wissen. Immer, wenn sie sich aus ihr lösen sollte, wurde sie verrückt.

Im Hintergrund, mächtig und vage, wirkte der politische Wahn, in den Silke und ich hineingeboren waren und dessen Zusammenbruch zu unseren inneren Gefahren beitrug. Frigga hatte, wie die meisten Deutschen, keine Mühe, sich nach 1945 als verborgene Widerstandskämpferin zu erleben – 1944 war sie doch *sehr gegen* diesen verrückten Krieg und *gegen* Hitler gewesen. Silke erlebte nur einen Verlust nach dem anderen.

In unserem Vicchio-Projekt hatte Silke den Umstieg von der Traumwelt, die sie mit Frigga teilte, in eine Welt geleistet, die uns beiden gehörte. Das Haus in der Toskana war eine überschaubare Welt, in der sie sich geborgen fühlte. Aber das Haus in Feldafing, im einstigen Obstgarten meiner Mutter, war eine Welt voller Störungen, voll fremder Anforderungen, die sie ängstigten, weil sie in ihr die hilflose Wut von einst weckten.

Ich finde heute oft einen Ruhepunkt in meinen Gedanken über unsere Ängste und Verwirrungen, wenn ich mir vergegenwärtige, auf welche Welt Menschenkinder vorbereitet sind. Es ist die Welt der Jäger und Sammlerinnen, in der wir morgens hungrig aufwachen. Gut und schlecht sind schnell entschieden; kein Mensch muss sich seelisch verkrüppeln, um einem anderen aus seinen Kränkungen herauszuhelfen.

Angst wird durch Flucht oder Kampf bewältigt; von seelischen Verletzungen, wie sie ein ungeliebtes Kind durchleidet, erlöst zuverlässig der Tod. Niemand muss ein Gemisch aus Wut und Furcht verdrängen, wie es uns eine Zivilisation beschert, in der wir es Eltern recht machen sollen, die von Ängsten gepeinigt sind, ihre Kinder nicht gut genug zu erziehen, aus ihnen keine ausreichende Stütze für ihr Selbstgefühl, ihren gekränkten Narzissmus zu gewinnen.

Ich stelle mir vor, dass manche Kinder, die etwas für ihre Eltern gutmachen mussten, in einem Bereich beschädigt werden können, den Vernunft und guter Wille nicht mehr erreichen. Die Instrumente der Psychotherapie versagen, weil nicht einzelne Stunden, sondern ein neues Leben, eine neue Welt angeboten werden müssten, um das Trauma auszugleichen.

Silke war stolz auf das zweite Kind, aber es fiel ihr schwer, das erste loszulassen und die Beziehung zu beiden Töchtern zu gestalten. Ich hätte helfen können, wenn ich zuhause gewesen wäre. Silke konnte nicht gut klagen, das passte nicht zu dem Bild, das sie von sich hatte. Sie war doch der Sonnenschein, die Zuversicht in Person. »Hat Ihre Frau getrunken?«, fragten mich die Nachbarn, als die ersten manischen Schübe einsetzten.

Einmal drohte sie, das Baby in den Schnee zu werfen, wenn ich zu der Ausbildungsgruppe aufbräche. Sie tat es nicht, aber es war eine schlimme Szene, die uns voneinander entfernte. Einmal kam ich von einem der Ausbildungs-Wochenenden. Niemand war da. Ich fand Silke hinter dem Haus. Sie starrte mich apathisch an, während das Kind mit einem zerbrochenen Ziegel spielte, den Mund mit Schokolade verschmiert.

Dann saß ich in einer Lehranalysegruppe auf harten Stühlen und fühlte mich unter Druck wie selten in meinem Leben. Sollte ich mich verraten als den, der, nicht souverän und von den richtigen Verhältnissen umgeben, Therapeut werden wollte und die ärgste Störung im eigenen Haus verbarg? Noch dazu vor einem Gruppenleiter, einer schwachen Kopie Ammons, die nur den Vollbart und den dunklen Anzug mit ihm gemein hatte, nichts von seinem Gewicht und Charisma? Umgeben von Rivalen um die Rolle des Helfers und Heilers, die mit scharfen Augen jede Schwäche erfassen würden? Die ganze Angelegenheit war wie ein Eiterherd, ein Abszess, der schwillt und schmerzt und erst heilen kann, wenn sich das Gemisch aus Infekt und Abwehr nach außen entleert.

Doch nachdem ich mich durchgerungen hatte, von Silke zu erzählen, war ich überrascht, wie sachlich und freundlich die anderen reagierten. Niemand entwertete mich, beschuldigte mich, der Versager zu sein, als der ich mich fühlte. Ein Mann in der Gruppe, der Einzige, der wie ich schon Vater war, hatte selbst erlebt, wie bedrückend es ist, wenn Eltern ihre Kinder nicht schützen können. Er erzählte von den Depressionen seiner Partnerin. Das schien mir einerseits harmlos, verglichen mit Silkes Wahn, aber es tat doch gut, es zu hören. Ich sollte Grenzen setzen, nicht aufgeben, auf gar keinen Fall etwa zuhause bleiben, die Gruppenanalyse abbrechen, wenn Silke durch Terror versuche, ihre Abhängigkeitsbedürfnisse durchzusetzen.

*

Wer aus der Perspektive des kreisenden Geiers auf die Menschenwelt blickt, sieht Generationen, die sich nicht anders zu helfen wussten, als ihre hilflose Wut, ihre Traumatisierungen durch Heimatverlust, Traditionsverlust und Niederlage zu verdrängen und um sie herum ein neues Ich zu bauen, das immer zerbrechlicher wurde, je höher sich das Gebäude von Generation zu Generation auf dem morschen Fundament türmte.

Ich hatte Silke als Prinzessin und Frigga als den Drachen identifiziert. Aber war nicht Frigga ebenso ein Opfer wie Silke, auch sie einer Mutter unterworfen, die von ihrer Tochter erwartete, sie zu entschädigen für den Verlust ihrer Heimat? Irgendwann einmal waren es die deutschen Ritter gewesen, die anderen die Heimat nahmen und sie zu der ihren machten. Als in den baltischen Staaten der Nationalismus wuchs und eine neue Schicht nach Macht strebte, wurden die deutschen Herren zu Fremden und sollten gehen.

Silke konnte neben Frigga niemals lernen, ihre Wut anders zu verarbeiten als in Angst, Wahn und Wendung gegen das eigene Ich. Wie sollte Frigga ihr das beibringen – sie hatte es doch selbst nicht gelernt. Und die drängende, wütende, manische Hitler-Bewegung, in die Frigga geriet, hatte versprochen, die inneren Mängel und Verluste in einem Meer gestohlener Größe, im Blut geopferter Sündenböcke zu tilgen. Silke aber erlebte davon nur den

Zusammenbruch aller Erwartungen ihrer Mutter und den Druck, Frigga zu entschädigen, indem sie ihr *glaubte*.

Die Freifrau von Rönne wünschte sich von einer perfekten Tochter Entschädigung für den Verlust der baltischen Heimat. Aber dieser Wunsch war gemildert in seinem Druck, gemäßigt durch das Gegengewicht eines liebevollen Vaters und einer auch in Abstieg und Verworrenheit noch funktionierenden Großfamilie.

Aus dieser Konstellation gewann Frigga die Kraft, gegen ihre Mutter zu rebellieren. Sie heiratete einen von der Baronin verachteten Nazi und stand eine demütigende Scheidung durch.

Silke hingegen hatte immer nur die Mutter. Es gab keinen Vater, an den sie sich hätte wenden können, wenn Friggas Druck unerträglich wurde. Silke blieb die Erfahrung des Dritten versagt, die den Menschen tauglich macht, einen Weg aus Trennungskrisen zu finden, ohne sich durch den Verlust des Liebesobjektes vernichtet zu fühlen.

Ich kannte das und kannte es auch wieder nicht. Vielleicht passten Silke und ich deshalb zusammen, als wir uns in den Abruzzen trafen und später die toskanische Idylle schufen. Ich war wie Silke vaterlos aufgewachsen. Vielleicht ist durch meinen zwei Jahre älteren Bruder und durch die ausgeprägt rationale Anlage meiner Mutter das Dritte in meine Biografie nicht so sehr verschwunden wie aus der Silkes. Anfällig für Angst bin ich geblieben, fand während meiner Krisen Zuflucht im Denken, später im Schreiben, wie sie meine Mutter auch gefunden hatte, als sie nach dem Tod meines Vaters begann, Homer durchzuarbeiten, bis sie ganze Gesänge auswendig konnte.

Wenn Silke psychotisch wurde, ängstigte mich das – ähnlich wie spätere Krisen – in einer Weise, die mich nachts nicht mehr schlafen ließ. Tagsüber hinderten mich diese Ängste aber nicht, mich auf den Text zu konzentrieren, an dem ich gerade arbeitete. Im Gegenteil: Der Text wirkte wie ein Schutzzauber, er beschirmte mich, brachte die Panik zum Schweigen. Ich erkläre mir diese Reaktion damit, dass ich im Schreiben mit der Ordnung und Fixierung von Gedanken durch Worte auch Halt im Gefühlschaos finde.

*

Solange wir zusammen an einer gemeinsamen Welt bastelten, waren Silke und ich ein starkes Paar, einander treu, unzertrennlich. 1971 änderte sich das. Das Haus in Feldafing war *mein* Haus; die Ausbildung, die Dozentenrolle in dem Ammon-Institut in München-Weidenkam waren *mein* Ding. Silke fühlte sich, als hätte sie ein vertrauter Partner auf der Tanzfläche stehen gelassen. Und sie fand keine andere Lösung in ihrer Verlassenheit, Angst und Wut, als den Tanz in den Armen des Wahns fortzusetzen.

Sie konnte mit sich selbst nicht mehr umgehen. Sie hatte doch gewollt, was sie jetzt nicht ertrug! Sie spürte den Impuls, mich zu vernichten, sagte mir, ich sei ein Vampir, der sie ausgesaugt habe, um über seine Armseligkeit hinwegzukommen. Damals empörte mich das sehr. Aber jede Übertreibung hat einen treffenden Kern.

Jahre später las ich davon in Klaus Theweleits *Buch der Könige*. Keine andere Macht als Orpheus treibt Eurydike in die Unterwelt.

Die wütenden Vorwürfe verstummten. Silke richtete alle Aggression wieder gegen sich selbst, kritisierte sich vernichtend und fürchtete sich vor sich selbst, vor mir, vor meiner Mutter, vor allem. Ich konnte sie nicht mehr beruhigen und brachte sie wieder in die Psychiatrie, in das inzwischen schon vertraute Max-Planck-Institut.

Ich fuhr regelmäßig von Feldafing nach Seeshaupt, zur Lauterbacher Mühle, einer Klinik zur Rehabilitation von Infarktpatienten. Dort hatte mein Lehranalytiker seine Praxis. Er war in Wien bei einem Freudianer (einem Analysanden von Hans Sachs, einem Analysanden von Sigmund Freud) ausgebildet worden und hatte später noch eine Analyse bei Igor Caruso gemacht, dessen analytischer Stammbaum zu Viktor von Gebsattel und Lou Andreas-Salomé zurückreicht.

Die Psychoanalyse hatte die Priesterweihe entdeckt.

*

Wenn ich tapsig und jenseitig von den Begegnungen mit dem Unbewussten von der Couch aufstand, mich von dem Lehranalytiker verabschiedete und ging, saß oft eine junge Frau draußen. Irgendwann trafen wir uns auf dem Parkplatz. Sie sprach mich an, kannte meinen Namen, wollte ein Buch von mir rezensieren und etwas mit mir besprechen. Ich dachte mir nichts dabei – irgendwelche Fragen im Zusammenhang mit dem Ausbildungsinstitut? Wir verabredeten einen Termin in Feldafing.

Sie kam und wirkte gleichzeitig tapfer, verlegen, resigniert. Sie habe sich, nun ja, in mich verliebt, aber sich etwas ganz anderes vorgestellt als einen Mann in einem Einfamilienhaus mit Garten, Kindern, einer Frau, die in der Küche wirtschafte. Sie habe gedacht, ich lebte allein, in einer Studierstube, literarischen Projekten hingegeben. Sie habe in ihrer Analyse von mir erzählt und sei es leid, dass da immer Phantasien und Übertragungen gedeutet würden. Da habe sie klären wollen, was Sache sei. Aber diese Sache sei nun, hm, keine mehr.

Ich war nicht weniger verlegen. Das sei nicht schlimm, sagte ich förmlich, das könne passieren. Ich hätte gedacht … Dann erzählte ich von dem in München gegründeten Institut und der Ausbildung für Psychotherapeuten und für Leiter von Selbsterfahrungsgruppen. Sie hatte ein Heft der *Vorgänge* mitgebracht, der Zeitschrift der Humanistischen Union, wo sie *Erziehung ohne Angst* besprechen werde, das interessiere sie.

Ich notierte mir ihre Adresse, und wir verabschiedeten uns.

»Was wollte denn diese Frau?«, fragte Silke.

»Irgend etwas mit einer Buchbesprechung«, erwiderte ich.

XXIII

Es ist nun nicht so, dass eine Beziehung, die zwei Leben in eine neue Richtung gelenkt hat, den Bach hinuntergeht wie fließendes Wasser. Es werden Anstrengungen unternommen, zu retten, was nicht zu retten ist, vielleicht versucht man sogar, umso schönere Giebel zu bauen, je mehr die Fundamente bröckeln. Soll ich von unserem oder meinem Rettungsversuch sprechen? Der Einfall kam von mir, aber er war auf Silke bezogen. Er sollte das neue und das alte Leben verbinden, den Traum vom Aufbruch in den Süden mit dem psychoanalytischen Neubeginn.

Es gab eine Einladung abzuarbeiten, die in Vicchio ausgesprochen worden war, als uns Ammon dort im Sommer besucht hatte. Wir hatten uns für die Osterferien verabredet, wir sollten nach Paestum kommen, ganz privat. Die jüngere Tochter würde bei Frigga bleiben. Silke und ich wollten weiterreisen nach Sizilien, während unsere Älteste mit Ammons gleichaltriger Tochter spielen würde.

Südlich des Brenners war ich Ammon voraus. Sein Italienisch war kläglich, sein Hauskauf in Paestum drei Jahre jünger als meiner in Vicchio. Dort konnte ich ihm auf Augenhöhe begegnen; in Deutschland war er der Präsident, ich der Kandidat.

Wenn ich Ammon und Silke nur in Berührung brachte, würde sie gesund? Ich glaubte an Ammon, der das Evangelium Menningers aus Topeka nach Deutschland gebracht hatte, an seine Dynamische Psychiatrie, seine in der Gründung dreier Fachgesellschaften bewiesene Potenz. Es war mir noch nicht gegenwärtig, dass es im Land des Narzissmus einfacher ist, einen Therapeuten zu machen, als einen Kranken zu heilen.

Heilsam sollte sie sein, die erste Reise als Paar nach der Geburt der Kinder. Die würden bei den Ersatzmüttern bleiben. Weiter südlich gäbe es nur Silke und mich. Sizilien! Griechische Tempel in Agrigent und Selinunt, goldschimmernde Mosaiken in normannischen Domen.

Wir übernachteten in Vicchio, ohne das Haus aus seinem Winterschlaf zu wecken. Am nächsten Morgen waren wir wieder auf der Autostrada del Sole, sahen Orvieto rechts auf seinem Tuffsteinfelsen liegen, überstanden die römische Ringautobahn und das Chaos von Neapel. Auf dem Weg nach Salerno kamen wir durch Battipaglia, ein vertrauter Name. Unsere Nachbarn Valentino und Margherita Maratea in Vicchio kamen von dort.

Sie hatten von dem Leben in ihrem Heimatdorf erzählt. Sie waren jeden Morgen zwei Stunden zu einem winzigen Acker gezogen. Das Gehöft in der Toskana mit Feldern und Wald um das Haus erschien ihnen wie ein Paradies, auch wenn die Nachbarn unfreundlich waren und die Dörfler nur Spott übrig hatten für die *marocchini* (Marokkaner, abschätzige Redeweise über süditalienische Migranten in der Toskana). Sicher hätten uns die Marateas, wenn es hier noch welche gab, herzlicher aufgenommen als die Ammons, die uns herablassend behandelten. Wir parkten vor dem Dom von Salerno, tauchten ein in die normannische Dunkelheit, fuhren weiter zu den dorischen Tempeln und zur Casa Ammon.

Ich hatte Ammon an den Piper-Verlag vermittelt, der Ammons Aufsätze herausbringen wollte. Ammon beteuerte überschwänglich seine Dankbarkeit und wie sehr er sich geehrt fühle, *seinem Freund Schmidbauer* ein Geleitwort für mein Buch über *Sensitivitätstraining und analytische Gruppendynamik* schreiben zu dürfen, das bald in der Serie Piper erscheinen sollte.

*

Am nächsten Morgen brachen wir allein weiter nach Süden auf. Die Kinder lugten aus dem Fenster ihres Schlafzimmers und winkten. In acht Tagen wollten wir auf der Rückfahrt vorbeikommen und unsere Tochter abholen. Gegen Mittag kamen wir an die Ausfahrt nach Cosenza. Wir beschlossen, eine Pause einzulegen und uns die Stadt anzuschauen. Der Name sagte mir etwas. Was nur? Ich begann halb vergessene Verse zu suchen.

In dem Passauer Gymnasium Leopoldinum hatte der Direktor 1954 eine Gedichtsammlung herausgegeben. Sie kostete vier Mark, jeder Schüler musste sie haben und die darin enthaltenen Gedichte auswendig lernen. Das »Lied von Cosenza« war darunter.

Nächtlich am Busento lispeln
bei Cosenza dumpfe Lieder;
Aus den Wassern schallt es Antwort,
und in Wirbeln klingt es wieder![16]

»Mit den Platens sind wir nicht ganz so nahe verwandt wie mit den Kleists«, sagte Silke. »Dichter haben es nicht leicht in unserem Stammbaum. Dieser Platen war Offizier und floh aus Deutschland, nachdem Heinrich Heine ihn wegen seiner Homosexualität denunziert hatte. Er ist in Sizilien gestorben, da war er vielleicht vierzig Jahre alt.«

Wir kauften schwarze Oliven, Brot und frischen Mozarella, der in Molke schwamm und uns in verknoteten Plastikbeuteln ausgehändigt wurde wie lebende Goldfische. Damit ausgerüstet suchten wir den Busento. In dem Gedicht war das ein wogender Strom, der ein Königsgrab verbergen konnte. Wir fanden ein Flüsschen, schmaler als die Sieve in Vicchio.

Ich stand neben Silke auf einer schmächtigen Brücke, schaute auf die erdbebenfesten Wabenbauten der Kleinstadt und fühlte mich fremd. Die magischen Klänge, Busento, Cosenza, weckten kein Echo mehr. Am Ende war es klüger, dem Klang der Worte und den von ihnen geweckten Bildern nachzusinnen als nach dem historischen Gold der Poesie zu graben wie ein Schatzräuber.

Wir kamen durch Dörfer, in denen es keinen Lebensmittelladen gab. Die Straßen waren verlassen, lange Strände nur von ein paar Fischern genutzt. Silke sollte sich auf einem fast verkehrsfreien Stück Autobahn ans Steuer des Käfers setzen, um zu üben. Sie klammerte sich ängstlich an das Lenkrad. Es krachte, als sie in den zweiten Gang schaltete.

»Du hast nicht mal schalten gelernt in den vielen Fahrstunden!«

»Doch, aber das Fahrschulauto ist anders!«

»Ich dachte, es ist dasselbe Modell!«

»Ich weiß nicht, sein Auto ist dunkelgrün mit grauen Sitzen!«

»Pass auf, du kommst aus der Spur, du darfst beim Schalten nicht nach rechts unten schauen!«

»Da kommt ein Tunnel, was soll ich nur machen?«

»Licht einschalten und durch!«

»Wo ist der Lichtschalter!«

»Lass mich machen. Du darfst nicht jedes Mal das Lenkrad verreißen.«

»Du schimpfst mich immer, und dabei gebe ich mir solche Mühe!«

»Ich schimpfe nicht, ich werde dir doch noch erklären dürfen, was du falsch machst. *Du* wolltest Autofahren lernen. Du behandelst das Auto, als wäre es dein Feind. Es ist doch kein wildes Tier, sondern eine ganz einfache Maschine. Bleib auf der rechten Spur! Auch im Tunnel! Da sind drei Meter Platz. Aber nicht zu weit nach rechts, sonst fährst du an die Wand! Ich glaube, es ist besser, du lässt mich wieder fahren, bevor etwas kaputtgeht, halte dort, auf dem Seitenstreifen!«

Silke lenkte den Käfer auf den Seitenstreifen. Ich tauschte mit ihr den Platz. Nach einer Weile griff sie nach der Karte, und wir sprachen wieder über die kalabrische Landschaft, über die aus Angst vor den Seeräubern in Bergfestungen getriebenen Dörfer, den nächsten Halt. Damals fühlte ich nur Enttäuschung. Es wäre doch *richtig* gewesen, wenn Silke den Führerschein gemacht, zu mehr Selbständigkeit gefunden hätte. Silkes Bereitschaft, sich schnell mit meiner Besserwisserei zu versöhnen, zeigte ihr Bedürfnis, mir nahe zu bleiben, um jeden Preis. Im Untergrund füllte sich die magmatische Blase, trügerische Ruhe lag über dem Vulkan.

Wir hatten bei einem Antiquar in Florenz den in rotes Leinen gebundenen *Guida Sicilia e Isole Minori* der *Consociazione Turistica Italiana* von 1937 gekauft. Stadtpläne und Karten waren meist noch ebenso aktuell wie die kunsthistorischen Erläuterungen. Wenn nicht, war auch das des Nachdenkens wert.

In dem Reiseführer gingen alle Ausflüge von der Hauptstadt aus. Wir fuhren von Messina nach Palermo, unser antiquarischer Begleiter hingegen reiste von Palermo nach Messina. Ich blätterte rückwärts: Cefalù! Da mussten wir halten. Das griechische Kephalos (Kopf) hat dem Berg über der Stadt den Namen gegeben. Wir bestiegen den Kopfberg und fanden einen megalithischen Tempel zwischen Fenchelstengeln mit gelben Blütenschirmen. Die Mauern aus gigantisch-unregelmäßigen Steinblöcken waren so exakt behauen, dass keine Messerklinge in die Fugen passte. Wenn Regen und Wind den Kitt aus den Fugen treiben, stürzen Ruinen sonst ein. Kyklopische Bauten bleiben stehen, bis die Erde selbst sie abschüttelt.

Ruderi del c.d. Tempio di Diana stand auf einem Schild. Ein *sogenannter* Tempel. Es gab kein Dokument, keine Ausgrabung einer Weiheinschrift oder eines Götterbildes, das die Zuschreibung rechtfertigte. Wir waren die einzigen Besucher, der Trampelpfad wenig begangen. Es gab nur eine Mauer mit einer Öffnung für ein

Tor. Aber was für eine Mauer! Und was für ein Türsturz aus einem einzigen, tonnenschweren Kalkstein. Hinter diesem Eingang wucherte das gleiche sizilianische Frühlingsgrün wie davor. Mochte er einst wem auch immer geweiht gewesen sein, jetzt gehörte das Heiligtum auf jeden Fall Diana, der Herrin der wilden Pflanzen und Tiere.

Wirrköpfe behaupten, diese Mauern seien von Außerirdischen mit Laserstrahlen zugeschnitten worden. Auch sie sind berührt von einem Bauen, das den rechten Winkel nicht achtet. Tolkien spricht über verschollene Völker, die Stein gegessen hätten, wie spätere Völker Brot.

Silke war mir fremd, war da und doch nicht da, ich hätte mich ihrer vergewissern, sie berühren wollen, sie in die Arme nehmen, an mich drücken, aber es war heller Tag, und jeden Augenblick konnten andere Besucher kommen. Ich hatte alleine nicht die Kraft, das zu tun. Von ihr spürte ich keine Unterstützung. Wir standen nebeneinander, jeder für sich, in Gedanken über das, was diese Stätte wohl bedeutete, was wir einander bedeuten mochten.

*

Palermo war 1972 eine staubige, stille Stadt. Man fand in den Hauptstraßen einen Parkplatz. In unserem einfachen Hotel gab es keine Touristen, nur Vertreter und vielleicht das eine oder andere nicht verheiratete Paar. Wir blieben zwei Nächte und machten einen Ausflug zur heiligen Rosalia auf dem Monte Pellegrino im Norden des Hafens. Goethe war im April 1787 mit dem Schiff von Neapel gekommen. Er hatte seine Seekrankheit bekämpft, indem er den Tasso neu bearbeitete. Sein Mittel, sich das Unkontrollierbare zu unterwerfen, leuchtete mir ein.

Die heilige Rosalia lebte als Eremitin und war 1624 fast vergessen, als einige tüchtige Mönche sich von einer Vision zu ihren Gebeinen führen ließen. Dem ersten Wunder folgte das zweite: Die

Pest verschwand aus Palermo, nachdem die Reliquien in die Stadt gebracht worden waren.

Je weiter man in den Süden kommt, desto mehr gleichen die Heiligen den Puppen in Madame Tussauds Wachsfigurenkabinett: Sie sind fleischfarben, echthaarig, glasäugig. »Es ist, als ob sie kein Vertrauen in die Phantasie haben – ist das noch Kunst? Oder plastische Fotografie?«

»Ich denke nicht, dass die Künstler des 17. Jahrhunderts einen Unterschied gemacht haben«, sagte Silke. »Die waren viel unbefangener als wir heute. Denen war jeder Effekt recht. Christoforo Allori hat Judith mit dem Haupt des Holofernes porträtiert – Judith war seine Geliebte Mazzafirra im Atlaskleid, die Magd ihre Mutter, und das bärtige, abgeschlagene Haupt mit den starren Augen – das war der Maler selbst. Das Bild hängt im Palazzo Pitti. Es ist eines der schönsten dort.«

XXIV

Meine letzte Reise mit Silke glich noch einmal den Reisen mit Xaver, beherrscht vom ästhetischen Vampirismus: möglichst viele kunsthistorisch bedeutsame Objekte in möglichst kurzer Zeit und mit möglichst geringem Aufwand für das Beiwerk – Transport, Essen, Übernachtung – aufzusaugen.

Erinnerungen sind lebhaft, solange wir jung sind. Sie als Besitz zu sehen, den uns kein Schicksal rauben kann, ist eine Illusion. Alte Kunst verspricht, die Zeit stillstehen zu lassen. Sie hat Macht über die Zeit. Sie tröstet über die Vergänglichkeit, den Untergang so vieler Dinge, die einmal gut waren und nun nicht mehr da sind.

Die Angst vor dem Verlust der inneren Bilder hat den Urmenschen bewogen, sie in die Felswand seiner Höhle zu ritzen oder einem Stück Elfenbein ihre Form zu geben. Kunst wurzelt im Gedenken an die Ahnen, in der magischen Belebung ungewisser Götter.

*

Die Reise festigte unsere Beziehung, solange wir unterwegs waren. Aber in dem gescheiterten Versuch, Silke an das Steuer des Käfers zu zwingen, hatte sich angekündigt, was auf uns zukam. Ich wollte mein Leben verändern, daher sollte auch Silke selbständig werden.

Ich erklärte Silke meine Pläne nicht. Ich wiegte mich in dem Glauben, ich hätte das bereits getan und sie hätte es längst verstanden. Wie es symbiotisch Verstrickte tun, ging ich davon aus, sie wisse genau, was sie mir zuliebe tun müsse. Ich wollte unsere Differenzen nicht sehen.

Ich glaube zu wissen, wie Silke auf Erklärungen reagiert hätte. Sie hätte mir in allem recht gegeben. Allenfalls um ein wenig Schonung und Geduld gefleht. Mich hätte ihr Bitten ebenso genervt wie ihre Unterwürfigkeit. Ich wollte jetzt eine *Partnerin* – konnte sie nicht selbstbewusster sein?

*

Der Tempel von Segesta stand inmitten grünender Wiesen und goldener Rapsfelder, seit mehr als 2300 Jahren unvollendet und unversehrt, so weit entfernt vom Meer, dass die Christen darauf verzichtet hatten, seine Säulen zu stehlen. Die griechische Stadt spielte eine böse Rolle in der Geschichte, weil sie im Streit mit ihrer Rivalin Selinunt erst die Athener und später die Karthager um Hilfe rief. Beide verwüsteten dann die Insel, um sich schadlos zu halten. Es ist seit Jahrtausenden dasselbe Spiel: Gib jemandem einen Grund, mit gutem Gewissen zu plündern, und er wird es tun.

Seit dem vierten Jahrhundert vor Christi Geburt wartete der Tempel auf seine Vollendung. Er war nie geweiht worden und barg daher auch keinen Schatz. Er wurde nie zerstört; er war keine Konkurrenz zu den Christengemeinden, die anderenorts die Gläubigen anstifteten, Zeugnisse heidnischer Kultur im Kalkofen zu löschen. Die Vandalen verwüsteten Segesta; der Tempel war schon damals die Ruine, die er geblieben ist.

Segesta und Selinunt waren die beiden Orte, in denen ich mich Silke wieder am nächsten und meiner Zukunft als Psychoanalytiker am fernsten fühlte. Wir fuhren auf schmalen Straßen, mit heruntergekurbelten Fenstern, welche das Motorgeräusch des Käfers von den Mauern zurückwarfen. Ich meinte ein Schnattern der Ventile zu hören, das vorher nicht da gewesen war, und fuhr zu einer Werkstatt mit einem VW-Schild in Castelvetrano. Keine Sorge, sagte der Mechaniker, das sei die Luftkühlung in der Hitze Siziliens.

Am Abend kamen wir nach Selinunt. Schon vor dem Gelände der ausgegrabenen Stadt führte die Straße zwischen zwei Trümmerhaufen hindurch, in denen sich erst auf den zweiten Blick die Scheiben dorischer Säulen ausmachen ließen, ineinander geschichtet wie der Wurstsalat eines kalksteinfressenden Giganten, der ihn sich angerichtet hat und vergaß, ihn zu verzehren.

Wir brauchten ein Nachtquartier und fuhren in den Ort Marinella: Strand, Straße und eine Zeile von Häusern. Wir fanden eine *Pensione,* die für wenig Geld ein Doppelzimmer anbot. In der Dämmerung wanderten wir am Meer entlang, die Straße zurück, die wir gekommen waren. Der Mond stieg aus dem Dunst am Horizont, silbern und seiner Fülle nah. Er beleuchtete einen Trampelpfad, der durch Gebüsch und niedrige Bäume zu den Ruinen des größten Tempels führte. Es war keine Menschenseele unterwegs; das letzte Auto auf der Provinzstraße war uns vor einer halben Stunde begegnet.

Das Mondlicht verzauberte die Säulentrommeln in der Macchia und löschte den Rest der Welt. Wir standen auf einem Hof, einem Vorplatz des Tempels, mit einem rohen Tisch aus großen Steinplatten in der Mitte – ein Opferaltar? –, tiefer im Süden als die Küste Afrikas. Tonnenschwere Quader hatten die Sonnenwärme gespeichert, hingeschleudert lagen die Säulenscheiben, viel breiter als hoch. Eine einzige Säule stand aufrecht, *lu fusu della vecchia,* die Spindel der alten Frau. Nach einem Ammenmärchen bewohnten einst Riesen Selinunt. Die drei Meter dicke und sechzehn Meter hohe Säule diente einer Alten als Werkzeug zum Spinnen.

Wir waren die Einzigen hier, die von den alten Göttern wussten. Magie hatte uns hierher geführt. Sie sollte bleiben, mächtiger werden, sie durfte nicht wieder verschwinden und uns zurücklassen auf einer banalen Reise zu längst bekannten Orten. Wie um Silke zur Zeugin aufzurufen, legte ich einen Arm um sie, als wir an dem Opfertisch standen.

Es war ein Zögern in dieser Geste, ein scheuer Entwurf. Sie steigerte den Zauber, Silke küsste mich, drängte sich gegen mich. Eine Erregung löste die nächste aus. Wir nestelten an Knöpfen und Gürteln. Obwohl ich die Umgebung nicht vergaß und wie ein wildes Tier wachsam für Störer blieb, lösten sich Grenzen auf, verschmolzen wir mit diesem Ort. Am nächsten Morgen wanderten wir auf ein großes, ganz freies Ruinengelände zu, das über dem Meer lag und von dem Selinon durchzogen wurde, der in klaren Mäandern sein Bett durch den Sandstrand grub. Ich drückte Silke die Hand, als wir die zertrümmerten Tempel passierten.

Der kleine Fluss lief dem Meer entgegen, älter und beständiger als Menschenwerk. Ich dachte an die dorischen Kolonisten, die sich hier angesiedelt hatten. Das Süßwasser zog sie an, die Lage des Hügels über dem Meer hielt sie fest. Selinunt wurde sechshundert Jahre vor unserer Zeitrechnung gegründet und blühte bis zur Zerstörung durch die Karthager im vierten Jahrhundert vor Christus.

In einem Steinbruch bei Cusa liegen heute noch Säulentrommeln und Kapitelle in verschiedenen Stadien ihrer Vollendung. Die Tempel, die größten der griechischen Welt, wurden niemals fertig. Selinunts Bürger waren so verrückt wie die von Siena, die den größten Dom bauen wollten und sich in dieser Anstrengung erschöpften, bis sie einem Feind zum Opfer fielen.

Die Rohbauten standen bis in die byzantinische Zeit; dann warf sie ein Erdbeben nieder. Selinunt war damals längst vergessen. Noch 1756 flickte die Regierung eine Brücke über den Belice mit Material aus der antiken Stadt.

Als Selinunt blühte, war das heutige Sciacca ein Nest mit einer kleinen Festung gegen die allgegenwärtigen Piraten. Während Selinunt unterging, blühte Sciacca unter den Arabern und erhielt von ihnen seinen heutigen Namen, *shaqqah* heißt Grenze. Eine vom Mittelalter geprägte Stadt mit Mauerring, Adelspalästen und einem normannischen Dom.

»Erinnerst du dich an die Szene aus *Il Gattopardo* von Lampedusa, wo Fürst Fabrizio von der Terrasse seiner Villa in Palermo auf die britischen Fregatten im Hafen zeigt und einem englischen Gast erklärt: ›*Sie kommen, um den Sizilianern Manieren beizubringen – aber sie werden keinen Erfolg haben. Denn wir sind Götter.*‹«

Silke wiederholte das englische Zitat: «They come to teach us good manners. But they won't succeed, because we are gods!«

Jetzt schien mir der Satz des Fürsten von Salina auf Silke gemünzt. Ich war auf ihrer Insel gelandet und versuchte sie zu modernisieren.

Auf dem Weg von Sciacca nach Syrakus senkte sich die Landstraße zur Küste. Die Sonne beleuchtete verlassene Strände unter einem mit den goldenen Schauern der Ginsterbüsche bedeckten Abhang. Ich parkte unter einer windschiefen Pinie, von der ein sandiger Pfad zum Strand führte. Wir kramten die Badesachen aus dem Auto. Auf dem Weg durch die Ginsterbüsche streifte ich die Blüten von einem Zweig und steckte eine Handvoll in die Hosentasche.

Wir fanden einen geschützten Platz, zogen Schuhe und Strümpfe aus und gingen zum Meer. Im Schlick lagen kleine Muscheln und Steine. Das Wasser war kalt, es erinnerte sich an den Winter, den die Luft bereits vergessen hatte. Plötzlich bückte sich Silke und hob zwei Feuersteinstücke auf. Sie waren zugeschlagen, deutlich zu erkennen, eine Klinge in Form eines länglichen Rechtecks und eine dreieckige Pfeilspitze. Ein Steinzeitfund! Die einst rasiermesserscharfen Kanten waren durch die Brandung zu sanften Formen abgeschliffen worden.

Ich beneidete sie, dass sie und nicht ich diesen Fund gemacht hatte. Sie bemerkte es und wollte mir gleich beide Stücke schenken.

»Nein, nein«, sagte ich. »Behalt sie, du hast sie entdeckt. Vielleicht gibt es noch mehr davon.«

Ich suchte den Strand ab, nach Osten wie nach Westen. Wo immer mir die aufgereizte Wahrnehmung einen Faustkeil oder eine Pfeilspitze vorgaukelte, blieben doch nur Naturformen übrig.

Wir saßen in einer Nische des Buschwerks und blickten auf die bescheidenen Brecher. Es war windstill und der Weg von Afrika für eine Dünung nicht weit genug. Ob die Steinzeitmenschen, deren Spuren wir gefunden hatten, hierher gehörten oder mit einem Einbaum von weit her kamen, um die Insel in Besitz zu nehmen, wie so viele nach ihnen? Später umarmten wir uns in dieser Nische zwischen Land und Meer, Sciacca und Syrakus, ich griff in die Tasche und bestreute Silke mit goldgelben Blüten, dem goldenen Regen des Mythos von Danae.

Später ließ Silke die Pfeilspitze aus Feuerstein in Idar-Oberstein durchbohren. Ich sollte sie an einer feinen Goldkette tragen. Das habe ich auch getan, bis irgendwann die Kette riss und das Erinnerungsstück in einer Schublade verschwand – nie ganz vergessen, denn ich habe sie, als ich auf meiner zweiten, diesmal literarischen Reise, 36 Jahre danach, wieder in Sciacca war, Sciacca der Grenze, sogleich gefunden.

XXV

Aretusa war eine Tochter des Wassergottes Nereus und seiner Gemahlin Doris. Ein Sohn des Meeresgottes Okeanos, der Flussgott Alfeus, verliebte sich in sie, als er sie nackt beim Bade beobachtete. Ovid beschreibt das in den *Metamorphosen* in der ihm eigenen frivolen Intensität; man meint zu spüren, wie viel Spaß es dem Dichter macht, sich vorzustellen, wie ein Fluss, der auch ein Mann ist, darauf reagiert, dass eine schöne nackte Frau an einem heißen Sommertag Erfrischung in ihm sucht.

Aretusa weigert sich, was in der antiken Sage bedeutete, schneller zu rennen als ein geiler Gott. Artemis, die Beschützerin der Jungfrauen, erhört Aretusas Flehen und versetzt sie nach Sizilien. Alfeus ist untröstlich. Zeus, gerührt von seinem Kummer, sorgt dafür, dass sein Wasser vom Peloponnes bis nach Syrakus fließt, um sich im Hafen der Stadt mit Aretusa zu vereinigen.

Solche Geschichten hat meine Mutter gerne erzählt. Die mythischen Namen umgibt seither ein Gemisch aus Ehrfurcht und Neugier, das sich bei Kindern ausprägt, wenn etwas wichtig ist, das sie nicht verstehen.

Aretusa war fremd und vertraut zugleich – ein Becken am Meer, in das klares Süßwasser in Schlieren aus Steinspalten quoll und Papyrusstängel netzte. Ich hatte auch das Bild einer griechischen Münze im Kopf, Aretusa als schöne Frau im Profil, umspielt von Delfinen. Man kann sich vorstellen, als Fluss eine Quelle zu lieben, aber es muss eine zarte, dankbare Liebe sein. Sobald der Fluss die Quelle mit Gewalt nimmt, verliert sie ihre Reinheit.

Manchmal verderben in Andalusien Plantagen, weil plötzlich Salzwasser aus den Zisternen fließt. Die Pumpen wurden zu spät abgeschaltet, die das Wasser der Bäche in die Reservoire jagen, ehe es das Meer erreicht. So haben die Pflanzen eine Wahl, wie sie Hebbel beschrieben hat: dem Verdurstenden ein Glas vergiftetes Wasser anzubieten.

Ich war schon oft in Syrakus gewesen, bevor ich dort ankam. Ich kannte seine Tyrannen, die weise waren und Platon an ihren Thron zogen, dazu Dichter wie Aischylos und Pindar, Ingenieure wie Archimedes, der Katapulte bauen und Feuertöpfe auf die römischen Schiffe schleudern ließ. Es kamen die Phönizier, die Griechen, die Römer, die Vandalen, die Byzantiner, die Araber, die Normannen, französische und spanische Herren. Und deutsche Touristen, die sich als Toskaner fühlten.

*

Von Syrakus fuhren wir nach Catania unter dem Ätna. Am Horizont wuchs der Schatten des Vulkans, Rauch trieb vom Gipfel wie eine Fahne im Wind. Die Straße auf den Vulkan verlief durch Weinberge, Kastanienwälder, schlängelte sich in sanfter Steigung durch einen frühen Sommer zurück in den Frühling, den Vorfrühling mit Anemonen und knospenden Büschen. Sie führte durch zerstörte Dörfer, geriet zwischen Lavawälle, durch die der Bulldozer sich einen Weg gegraben hatte und wo der verbrannte Teer erneuert worden war. Sie endete in einer von schwarzem Staub gesprenkelten Schneelandschaft. Hier hätte man einen Jeep mieten können, um bis zum Rand des Kraters vorzudringen. Wir kehrten um.

In der Zone, in der die Reben gediehen, fragten wir in einem Dorf, ob es Wein zu kaufen gäbe. Eine schwarz gekleidete Frau schickte uns zu einer *cantina*, die nicht in die Erde gegraben, sondern auf Stelzen in ein Lavafeld gesetzt war, eine lang gestreckte, mit Brettern zugeschlagene Hütte, aus der Männerstimmen tönten.

Innen war es düster, das Licht einer Glühbirne, die nackt in ihrer Fassung pendelte, mischte sich mit Sonnenschäften, die durch Ritzen in den Bretterwänden drangen. Über uns geschwärztes Gebälk aus teils handbehauenen, teils rund belassenen Stämmen. Darunter zwei lange Reihen von Holzfässern. Aus einem füllten die Männer gerade hellgelben Wein in große Korbflaschen und die Gebrauchsflaschen für den Tischwein. Wir konnten nur zehn Flaschen unterbringen, von denen jede zwei Liter fasste. Die Männer verzogen keine Miene über das bescheidene Geschäft. Sie lobten ihren Wein, den sie uns für eine Mark *per il chilo* überließen. Er war nicht süß, wie ich erwartet hatte, sondern herb und stark. Zwei Flaschen ließen wir später bei Ammon als Gastgeschenk.

Im Dom von Catania steht die Büste der heiligen Agata. Ihr Schleier hielt die Lava auf. Seither ist sie Patronin der Stadt, ihr Schrein wird am 4. Februar zu Böllerknall und Hymnengesang durch die Straßen getragen. Zum Ruf *Cittadini, viva Sant'Agata* schwenkt jeder Bürger der Stadt ein blütenweißes Tüchlein zum Gedenken an die Unschuld der Heiligen.

Als 1669 die Lava Catania schluckte, wurde auch das Kastell aus der Zeit des Stauferkaisers Friedrich II. von der Lava eingeschlossen und vom Meer abgeschnitten. Während die Burg sich bis dahin aus einem Wassergraben erhoben hatte, steckt sie jetzt in erkalteter Lava. Mussolini ließ das Kastell restaurieren und richtete 1934 das Museo Civico von Catania darin ein.

»Ich hätte gedacht, die Kastelle des Stauferkaisers seien weiß und aus schönen Quadersteinen, wie das Castel del Monte. Aber das hier ist schwarz«, sagte Silke.

»War praktischer. Das Material wurde direkt an die Baustelle geliefert!«

Wir fuhren weiter nach Taormina, nach Messina, auf die Fähre, dann wieder nach Paestum zu Ammon und zurück nach Feldafing, wo das Haus fertig geworden und bezogen war. Das sollte der neue Lebensmittelpunkt sein.

*

HIER WO MEIN WÄHNEN FRIEDE FAND / WAHNFRIED / SEI DIESES HAUS VON MIR GENANNT. Diese Inschrift ließ Richard Wagner an seiner Villa in Bayreuth anbringen. Mit Silke war es umgekehrt. Als das Haus fertig war, in dem das nomadische Leben enden sollte, war es um den Frieden geschehen, und der Wahn beherrschte die Szene.

Ich habe viele Stunden meiner Kindheit damit verbracht, mir Predigten anzuhören, in denen mir die Pflicht zur Gottes- und Menschenliebe nahegebracht wurde, ohne dass ich auch nur die geringste Ahnung gehabt hätte, was das sollte.

Wenn ich in mir suchte, fand ich keine Liebe zu Gott, sondern Angst vor der Hölle, keine Liebe zu den Menschen, sondern Angst, von ihnen gescholten zu werden, weil ich nicht so brav war, wie ich sollte. Psychologiestudium und Lehranalyse haben mir eher geholfen, meine Ahnungslosigkeit über die Liebe zu akzeptieren, als sie zu überwinden.

Als ich 1941 geboren wurde, war meine Mutter nicht von Liebe regiert, sondern von Angst. Und sie hatte allen Grund, dabei zu bleiben. Nun ist die Angst keine Feindin der Liebe; sie kann diese nur nicht ernst nehmen. Von schönen Gefühlen wird niemand sicher. Zu viele davon sind gefährlich. Sie machen unvorsichtig.

Als Heranwachsender dachte ich oft daran, die Welt könnte durch einen Atomkrieg untergehen, bevor ich die Liebe erfahren hätte. Diese Angst trieb mich an, meine Ängste vor dem Sexualakt zu überwinden. Ich fühlte mich in meinen sexuellen Wünschen isoliert. Frauen hatten so etwas nicht, sie würden mich beschämen, verspotten und am Ende schwanger sein.

Silke hat mir geholfen, einen Steg über diese Abgründe zu bauen. Als ich später vor der Aufgabe stand, mich von ihr zu trennen, wagte ich den Schritt erst, als ich von einer anderen Frau angesprochen und für attraktiv befunden wurde. Ich habe sie als Erlöserin aus einer jetzt zur Gefangenschaft gewordenen Ehe geheiratet. Aber ich war noch längst nicht von Silke getrennt. Unsere Beziehung ging im Verborgenen weiter.

Wer arbeitet, hat weniger Angst. Er kann glauben, sich eine Welt zu schaffen, in der er sicher ist; sich mit Symbolen rüsten, die Schutzgeister herbeirufen oder beleben. Diese Aufgabe hatten die Bücher, die ich las, die Kunstwerke, später die Texte, die ich selbst schrieb: Sie versetzten mich während der Zeit, in der ich in ihnen, bei ihnen war, in eine sichere Welt, in der jene Bilder bestehen blieben, die sonst meine Ängste fraßen.

Hilfreich ist es auch, sich mit der Angst anderer Menschen zu beschäftigen und diesen womöglich dabei zu helfen, dass sie sich weniger fürchten. Ist so die Psychologie in Deutschland zum beliebtesten, von einem beängstigenden Notendurchschnitt bewachten Studienfach geworden?

Ich entschuldige mich nicht durch und nicht für meine Geschichte. Niemand soll mir verzeihen. Ich habe nicht gelernt, mich *anzunehmen, wie ich bin,* wie es das Credo der amerikanischen Erlösung durch die Psychologie ist, wohl aber, mich abzulenken. Mir ist klar geworden, dass ich mich bewegen kann, aber nicht in mir ruhe. Ich bin von Ängsten bestimmt und nur ausnahmsweise zufrieden.

XXVI

Die analytische Couch ist ein Ort, auf dem der Schlaf der Vernunft Ungeheuer gebiert. Eines dieser Phantasmen ist die Übertragung erotischer Wünsche auf den Analytiker. Eine junge Lehrerin hatte die Übertragung auf Dr. F. durch eine Verschiebung auf mich, ihren Analysebruder, abgewehrt. Sie wurde meine zweite Ehefrau.

Heute empfinde ich eher Mitgefühl als Vorwurf, dass Dr. F. keine deutlicheren Worte für dieses Geschehen fand und auf Gegenmaßnahmen verzichtete. Ich kann mich nach vielen eigenen Arbeitsjahren hinter der Couch recht gut in ihn hineinversetzen und bin mir sicher, dass er *not amused* war.

Um diese Zeit erfasste die Studentenbewegung die Psychoszene. Es wurde rebelliert und experimentiert. Das Leben ist schneller als die Analyse; Verliebtheit ist noch einmal schneller als das Leben.

Freud hatte seinen Analysanden gesagt, sie dürften keine lebenswichtigen Entscheidungen (wie die Trennung von der einen, die Bindung an die andere Frau) treffen, solange die Analyse laufe. Nicht einmal die mildere Variante – *vor der Entscheidung mit dem Analytiker zu besprechen, was du geschehe* – hatte mir Dr. F. abverlangt. Glaubte er, als Psychologe und Lehranalysand würde ich solche Regeln bereits kennen und mich selbstverständlich auch an sie halten?

So gab es eine Sitzung, in der ich noch mit Silke zusammen war. Und dann die zweite, nachdem ich Silke in die Klinik gebracht und ihr auf der Fahrt erklärt hatte, ich wolle mich von ihr scheiden lassen. Am Tag danach lebte ich in demselben Haus mit einer anderen Frau.

*

Es ist schon ein gefundenes Fressen für Klatschmäuler, wenn ein Psycho-Autor und angehender Therapeut seine Ehefrau in der Nervenklinik abliefert, um ungestört mit einer Geliebten zusammenleben zu können. Das machen Bösewichte in Schicksalsromanen, aber doch nicht Heiler und Helfer, es sei denn, sie sind Heuchler und auch nicht besser als andere Menschen.

Ich hatte andere Sorgen als meinen guten Ruf. Es musste endlich vorbei sein mit den Ängsten vor dem Rückfall, dem Unberechenbaren, dem Mangel an Verlass und dem Übermaß an Verlassenheiten. Ich verbarg diese Ängste hinter der Sorge um die Kinder, hinter dem selbst erteilten und panisch durchgesetzten Auftrag, sie vor Traumatisierungen durch die Mutter zu schützen, die ich nun einmal nicht anders abstellen konnte als durch den Ersatz der kranken Frau durch eine gesunde.

So verloren die vielen guten und liebevollen Szenen zwischen Silke und den Töchtern an Gewicht, weil es einige Szenen gab, in denen Silke die Kinder arg vernachlässigte. Wer Angst hat, macht jede Gefahr zum Ungeheuer. Noch Jahre danach konnte ich keinen Zeitungsbericht über Mütter lesen, die ihre Kinder »mit in den Tod nehmen«, ohne an Silke zu denken, die mir kaum Anlass zu solchen Befürchtungen gegeben hatte.

Ich hatte nicht vergessen, wie es war, als sie aus dem Fenster springen wollte. Was, wenn sie eines unserer Kinder mitnahm? Ich dachte nicht an andere Möglichkeiten, Institutionen wie das Jugendamt, die helfen konnten. Die Lehrerin war *besser* für meine Töchter. Sie war Pädagogin. Sie war stark. Sie fuhr Auto, war auf dem Weg, verbeamtet zu werden, eine selbständige, durchsetzungsfähige Frau, eine Partnerin, ein Vorbild für die Mädchen.

»Hättest du dich nicht beherrschen können?«, sagte meine Mutter vorwurfsvoll, als sie davon erfuhr. »Die Nachbarin hat mich schon angesprochen, dass ein Auto nachts vor deinem Haus parkt. Das geht doch nicht!«

»Das geht die nicht das Geringste an, sag ihr das!« Ich wollte nicht warten. Es sollte kein Zurück mehr geben. Ich wollte nichts wissen über den Umfang und die Art der Wunde. Wenn ich anfing, darüber nachzudenken, konnte ich vielleicht nicht mehr handeln. Silke sollte weg sein aus meinem Leben.

Meine neue Frau war nicht in Analyse gegangen, weil sie es leicht mit sich selbst hatte und sich wohl fühlte in ihrer Haut. Mit entsprechend großer Energie teilte sie meine Selbstüberschätzung über eine schnelle, glatte Trennung, über den Ersatz der kranken Mutter durch eine gesunde.

Aus manchem, was mir zugetragen wurde, schloss ich, dass mir die Trennung von Silke als Gelüst nach einer anderen Frau ausgelegt wurde. In meinen Erinnerungen dominiert aber nicht das Begehren nach Neuem, sondern die Angst vor Silke, gestaltlos und tiefer greifend als die Ängste um die Kinder. Meine Angst bezog sich auf das Entgleiten, das Fremdwerden der wichtigsten Person in meinem Leben.

Nach der ersten Überschwemmung 1966 in der Toskana hatte ich diese Angst vor Silke knapp bewältigt und eine wahnhafte Abwehr aufgebaut – Silke war jetzt gesund, ich der Heiler. Als sie nach vier Jahren unbeschwert-nomadischer Existenz während des Hausbaus psychotisch wurde, brach dieser innere Halt zusammen, und ich brauchte eine neue Lebenslüge[17] mit einer neuen Partnerin, der ich all das zusprechen konnte, was Silke fehlte.

Ich meinte zu wissen, dass Silke endgültig aus dem Leben an meiner Seite herausgefallen war. Sie würde immer wieder krank werden. Es ging nicht mehr. Mochten die Leute glauben, ich sei schuld, ich hätte sie erst krank gemacht, indem ich mich von ihr trennte!

*

Ich will hier nichts über meine zweite Ehe sagen, außer dass sie etwas kürzer hielt als die erste. Ich erfuhr, dass Silke in der Klinik einen Selbstmordversuch unternommen hatte. Sie fand in einem Putzschrank ein Reinigungsmittel und trank die Flasche aus. Frigga suchte Hilfe bei Tante Gisela, die den Anwalt hinzuzog, der sie bei ihrer eigenen Scheidung unterstützt hatte. Mein Scheidungsanwalt wurde mir von der Leiterin des neu gegründeten Ausbildungsinstituts in München empfohlen.

Silke bekam einen monatlichen Unterhalt, der um den Inflationsausgleich wachsen sollte, und die Hälfte des Zugewinns. Ich wurde *schuldig geschieden;* das Zerrüttungsprinzip wurde erst kurz nach der Scheidung von Silke eingeführt. Der Termin vor Gericht war von den Anwälten gut vorbereitet; es fiel kein persönliches Wort zwischen Silke und mir. Sie gab mir die Hand und lächelte. Das Sorgerecht für die Kinder wurde mir zugesprochen. Silke blieb über zwei Jahre in Klinik und Nachsorge. Dann holte sie mit einer Gruppe von Helfern ihre Möbel aus dem Haus in Feldafing und bezog eine Zweizimmerwohnung in Schwabing, fünf Gehminuten von Friggas Wohnung, die auch unsere erste Wohnung gewesen war.

Dort traf ich sie nach drei Jahren zum ersten Mal allein. Bisher hatte ich sie nur gesehen, wenn ich die Kinder zu ihr brachte oder abholte. Diesmal waren wir verabredet. Ich brauchte eine Unterschrift für das Finanzamt, um die Unterhaltszahlungen absetzen zu können. Ich war wieder verheiratet und wohnte mit meiner neuen Familie in Obermenzing. Die Kinder gingen von dort aus in Schule und Kindergarten. Sie waren in den Ferien mit Silke und Frigga in Vicchio gewesen.

Silke hatte zugenommen. »Ich bin jetzt auf Lithium eingestellt und muss alle sechs Wochen mein Blut kontrollieren lassen«, sagte sie. Die Wohnung gefiel mir: ein kleiner Flur mit einem Spiegel über einem Regal für die Schuhe und einer Garderobe. Gleich gegenüber vom Eingang das Bad. Links das Wohnzimmer mit einer Küchennische, rechts das Schlafzimmer.

Ich fand den Schreibtisch im Empire-Stil und den Biedermeier-Eichenschrank mit den beiden Säulen und dem Dreiecksgiebel wieder, die wir ersteigert hatten. Sie hatte die Silberleuchter mitgenommen, die ich Tante Gisela abgekauft hatte, und einen der Kristalllüster, die wir in Florenz erstanden hatten. Ich lobte die Einrichtung und setzte mich auf das schlichte Sofa – Schaumstoffteile, mit rotem Samt bezogen. Silke hatte einen Teetisch gedeckt. Sie servierte in dem Nymphenburger Service mit den kobaltfarbenen Blumen, das wir uns zu Verlobung und Hochzeit gewünscht hatten.

Ich fragte Silke, wie sie zurechtkomme. Wie sie ihr Geld angelegt habe. Ob sie einen Freund habe. Gut, sagte sie, Pfandbriefe bei der Hypobank gleich vorne am Hohenzollernplatz, Friggas Bank seit ewig und jetzt auch ihre. Einen Freund gebe es auch, Antonio, einen Italiener. Er sei sehr lieb, aber er könne sich nicht entscheiden. Sie habe ihn in der Klinik kennengelernt. Er sei sehr depressiv gewesen, wolle nichts Festes und müsse erst einmal selbst auf die Füße kommen.

Am Ende ging uns der Gesprächsstoff aus.

»Ich denke, ich muss jetzt gehen«, sagte ich.

Silke sagte gar nichts. Ich stand auf und ging an dem Eichenschrank mit den beiden Säulen vorbei in den Flur. Silke kam nach.

Sie sagte: »Ich bin dick und hässlich!«

»Überhaupt nicht«, sagte ich, »du bist wie immer.«

Sie stand dicht vor mir. Wir nahmen uns in die Arme und küssten uns wie zum Abschied. Sie küsste mich ganz anders. Wenn ich mich jetzt nicht losriss, war ich in fünf Minuten ein untreuer Ehemann.

»Hast Du *Szenen einer Ehe* gesehen? Von dem Ingmar Bergmann? Das ist jetzt wie in *Szenen einer Ehe*«, flüsterte Silke und zog mich zu Boden.

Damit begann die letzte Phase unserer Beziehung. Ich versuchte sie zu verheimlichen und erzählte nur meinem Analytiker davon.

Silke hatte sich und mich an die Szene in dem Bergmann-Film erinnert, in der Johan und Marianne ein heimliches Verhältnis haben. Nach heftigem Streit und Scheidungschaos finden sie zu einer reinen, durch Ironie begrenzten Sexualität zurück, die sie vor ihren festen Partnern verheimlichen. Sie haben Abstand zu dem Ehrgeiz gewonnen, sich einander oder anderen als Muster-Ehepaar zu beweisen.

Auf meine krumme Weise bemühte ich mich, für Silke und später für andere Frauen zu sorgen, mit denen ich Freundschaft schloss und Sex hatte. Aber ich tat es oft nicht selbstbewusst und stolz, sondern verlegen, beschämt und verängstigt. Ich wollte Silke nicht aufgeben und meine gegenwärtige Partnerin nicht verlieren, fühlte mich erniedrigt durch den Zwang zur Lüge (ohne die alles noch viel unfriedlicher gewesen wäre) und suchte immer wieder Zuflucht in neuen Eroberungen, die mich erhoben und dann wieder meine Ängste und Demütigungen noch verstärkten.

*

Silke, an die ich so eng gebunden gewesen war und von der ich mich nur mit so bestürzender Gewalt hatte losreißen können, wurde zu einer heimlichen Liebe. Sie schützte mich jetzt vor genau der Gefahr, in die wir einander gebracht hatten, ohne es zu wissen: dem goldenen Käfig der Symbiose, der Illusion erotischer Romantik als Dauerzustand und ihrer Nähe zu Auslieferung, zu unentrinnbarer Abhängigkeit. Silke war untergetaucht wie die Nixe im Märchen und jetzt wieder da als Schutzgeist gegen alle Verlockungen von anderen Sirenen.

Wenn ich sie anrief, eine Stunde nannte, fragte, ob ich vorbeikommen könne, freute sie sich fast immer; sagte fast immer ja. Schmetterlinge im Bauch flogen voraus zu ihr – und wenn ich wieder ging, war ich satt und gedemütigt, sagte mir nicht selten, das müsse vorbei sein, das sei das letzte Mal gewesen, obwohl ich bereits ahnte: So war es nicht.

Ich hätte das besser lassen sollen. Aber ich konnte es nicht lassen. Ich war lange genug brav gewesen. Jetzt war ich ein Abenteurer.

Silke machte noch zwei Mal einen Versuch mit einer Psychotherapie, die beide nach einer beschwingten Anfangszeit in psychotischen Zuständen endeten. Ich mischte mich nicht ein. Wenn sie etwas erzählte, wenn sie von dem neuen Therapeuten schwärmte oder ihn entwertete, schwieg ich. Oft dachte ich an ihren Vers: »Wer so schwach ist wie wir, der kann nur sein in den anderen!«

Sie konnte eine Weile sehr nah bei den Therapeuten sein. Irgendwann trübte sich das Verhältnis, der Erfolg war nicht nur dahin, sondern ihr Zustand schlechter als zuvor. Im ersten Fall schien mir der Fehler des Therapeuten offenkundig. Er war ihr als charismatischer Heiler von einer Freundin empfohlen worden, begann mit Silke eine bioenergetische Behandlung, in der er Verdrängungsblockaden lockern wollte – und trat nach fünf Sitzungen seinen Sommerurlaub an. Silke erkrankte, wurde in der Klinik behandelt und meldete sich nie wieder bei dem Charismatiker.

Die zweite Therapie dauerte sehr viel länger, einige Jahre. Es war eine Gruppentherapie bei einem älteren Psychiater. Sie machte in den Augen ihres Therapeuten gute Fortschritte. Diese führten in eine Katastrophe. Der ehrgeizige Heiler bat sie, in einer Fernsehsendung aufzutreten, in der über seine Therapie berichtet wurde. Silke konnte die so ausgelöste Mischung aus Geltungswunsch und Beschämung nicht verarbeiten. Sie wurde psychotisch, brach die Behandlung ab und verbrachte wieder einige Monate in der Psychiatrie.

Meine Erinnerungen an die Aufgaben als Mit-Gründer zweier Ausbildungsinstitute – eines für Gruppenleiter und Supervisoren, eines für Psychoanalytiker – mischen sich mit den Umständen, unter denen mir Silke verlorenging. In dieser Zeit habe ich mich für einige Jahre vom Schreiben entfernt. Ich war Vorstandsmitglied, Ausbildungsleiter, Dozent und bald Lehranalytiker. Ich nutzte die Hektik dieser Gründungszeit, um meinen Verlust nicht zu spüren und den Kummer über ihn durch eine neue Variante der Größenphantasie zu betäuben.

XXVII

Wir bemerken nicht, dass uns eine Größenphantasie trägt, solange sie das tatsächlich leistet. Wir erschrecken erst, wenn der Auftrieb nachlässt. Die normale Reaktion auf den Zusammenbruch einer manischen Szene ist *nicht* Selbstbescheidung. Wir widerrufen die *Lebenslüge* nicht und ersetzen sie durch Einsicht in unsere Grenzen und demütige Zurücknahme unserer Ansprüche. Wir suchen lieber nach einem neuen Feld, wo wir sie *verbessern und festigen* können.

Ich war in meinen Hoffnungen gescheitert, Silke von ihren Psychosen zu heilen – und geriet jetzt in Ammons Bewegung mit dem Ziel, ein Institut zu gründen, das Psychotherapeuten ausbilden sollte.

Mein Name stand zwischen den anderen, zum Teil viel bekannteren der Mitherausgeber der *Dynamischen Psychiatrie*. Das hätte mich misstrauisch machen können; wer aber die Psychologie der Eitelkeit ein wenig kennt, wird vielleicht verstehen, dass die Anziehung die Abstoßung übertraf und ich eher geneigt war, meine Zweifel und die Empfindung, das alles gehe viel zu schnell, für neurotische Skrupel zu halten.

Ich war damals noch nie das Opfer einer jener Szenen gewesen, in denen Ammon aus einer Kränkung heraus mit immer heftigeren Ausbrüchen von Wut und Entwertung versuchte, seine Sicht der Dinge durchzusetzen. Zu ihnen kam es erst, als unsere Zusammenarbeit über die Beziehung zwischen zwei Autoren hinausging, von denen der jüngere die Thesen des älteren nach Kräften unterstützte.

Als ich mit Ammon über die Möglichkeiten einer Institutsgründung in München sprach, beklagte er sich darüber, dass deutsche Kollegen, die früher in der *Dynamischen Psychiatrie* veröffentlicht hatten, sich wieder zurückgezogen hätten. Er schien darüber
weder nachdenklich noch traurig. Einmal sagte er mir, wie jemand,
der sich über eine zufällige Entdeckung wundert, es geschehe ihm
häufig, dass Menschen, mit denen er lange Zeit die freundschaft-
lichsten Briefe gewechselt habe, nach einem persönlichen Treffen
mit ihm und seinem Institut (beides war kaum zu trennen) nichts
mehr von sich hören ließen.

Seit ich in Abhängigkeit von Ammon geraten war, wurde mir
deutlich, wie sehr emanzipatorische Ideologie und organisatori-
sche Praxis auseinanderklafften. Es galt, Opfer zu bringen für ein
gemeinsames Ziel; was aber das Ziel war und wer die Opfer zu
bringen hatte, bestimmte Ammon, und es war nicht möglich, darüber zu argumentieren. Wer es versuchte, wurde *konfrontiert,* was
oft recht schwer von beschimpft und lächerlich gemacht zu unterscheiden war.

Eine dieser Attacken erlebte ich, als ich zusammen mit Georg
den Vorschlag machte, die Arbeit der Münchner Gruppenleiter zu
honorieren. Ich war seit fünf Jahren Freiberufler und sah nicht ein,
dass alles, was durch meine Arbeit erwirtschaftet wurde, an das
Institut in Berlin gehen sollte. Ammon berief eine Versammlung
ein und blickte ernst. Seine Frau kanzelte mich ab. Sie sagte, es sei
im höchsten Grade undankbar, mit Ammons großem Herzen so
kleinlich umzugehen. Er opfere seine ganze Kraft, den doch oft so
schwer gestörten Kandidaten eine kraftvolle Identität zu geben,
diese aber dächten an *Geld.*

»Ich will euch nicht Fische geben, sondern euch fischen lehren!«, setzte Ammon versöhnlicher hinzu. Während er in anderen
Fällen durchaus auch selbst den *bad cop* spielte, war er bei mir gü-
tiger Freund und bemerkte etwa verständnisvoll, wenn »mein«

Gruppenanalytiker in einer der Konferenzen des Dozentenstabes meine Mutterabhängigkeit verdammte, von einer Mutter wie meiner wäre er auch gerne abhängig gewesen.

Es gab keine Diskretion, welche Analysanden davor bewahrte, von dem thronenden Gott mit intimen Einzelheiten aus ihrer Behandlung traktiert zu werden. Ich fand das nicht in Ordnung, aber ich habe es geduldet. Als wir später Regeln für »unser« Institut diskutierten, bestanden wir darauf, dass nichts aus der Selbsterfahrung so verwendet werden dürfe.

*

Als Medizinjournalist lebte ich wie ein Papierwurm – ich bekam Umschläge, verdaute sie, produzierte Umschläge, bekam Belegexemplare und irgendwann das Honorar. Die persönlichen Kontakte rissen jedes halbe Jahr ab durch das nomadische Leben zwischen München und Vicchio.

Im Trubel der Gruppenanalyse und der Institutsgründung lernte ich mehr Menschen kennen als seit vielen Jahren. Silke und ich hatten der Welt entfliehen wollen; jetzt war ich in eine Gruppe geraten, die zumindest die Therapieszene, hinter ihr aber auch die Gesellschaft verändern wollte. Wir würden die Psychoanalyse neu erfinden, Gruppen zu befreiten Gebieten machen. Silke interessierte das nicht nur nicht; sie fand es bedrohlich. Da gab es so viele Frauen, die meisten jünger als sie.

Die wichtigste Gestalt wurde Georg. Er war drei Jahre älter als ich und arbeitete schon in eigener Praxis als Arzt und Psychotherapeut. Er konnte sehr viel Nähe herstellen und dann wieder abrupt Abstand nehmen; später erzählte mir seine Frau, dass er sogar ihr gegenüber manchmal in das »Sie« zurückfalle, wenn er eines seiner Projekte verfolge.

Mit mir war es zuerst reine Nähe, werbende Freundschaft. Georg war Vegetarier. Mir zuliebe aß er einen Fisch in einem

Lokal am Seeufer bei Münsing und erzählte mir von Plänen, ein Institut zu gründen. Er wolle die Organisation übernehmen, ich solle die Konzepte schreiben.

»Du bist bekannt, das kann dir niemand nehmen, du hast Bücher veröffentlicht, die erfolgreicher sind als alles, was Ammon zustande gebracht hat.«

Solche Schmeichelei war typisch für ihn. Er schien sich von jedem Menschen etwas Großes und enorm Lobenswertes zu merken, aber auch ein paar Schwächen. Beides wurde ins Spiel gebracht wie magnetische Kräfte, um die Menschen in den von ihm geplanten Mustern zu polarisieren.

Georg hatte lange in Augsburg in einer Kommune gelebt, die von dem Steiner-Schüler Hermann Weidelehner geprägt worden war. Daher rührte auch die Verbindung des Ammon-Instituts mit Schloss Weidenkam bei Münsing am Starnberger See. Das schöne Jugendstilanwesen in einem großen Park hatte einer Anhängerin Weidelehners gehört und wurde von ihr der Religionsphilosophischen Arbeitsgemeinschaft vermacht.

Hier trafen sich die Ausbildungskandidaten mit ihren Gruppenlehranalytikern, hier leitete ich mein erstes Seminar, weil sich die aus Berlin anreisenden Ammon-Schüler verspäteten. Hier hielt Ammon einen Vortrag zur Institutsgründung, in dem er sich mit Kritikern stritt und nachher die Münchner Kandidaten beschimpfte, weil sie sich nicht energisch auf seine Seite gestellt hätten – das wäre in Berlin niemals geschehen.

Georg war die treibende Kraft hinter dem Plan, unsere Gruppe selbständig zu machen und ein eigenes Ausbildungsinstitut zu gründen. Er hatte die Analyse bei Ammon beendet und war jetzt, zusammen mit seiner späteren Frau, bei Maria Helmrich in Analyse. Ammon hatte nichts gegen diese inzestuöse Praxis einzuwenden – waren wir nicht alle Pioniere und konnten es treiben wie Freud persönlich, der doch sogar die eigene Tochter ...

Als Georg mich fragte, überlegte ich nicht lange. Er hatte mich unterstützt, eigene Patienten zu finden, er hatte mit mir brüderlich das Honorar für eine Lehrerfortbildung in einem gruppendynamischen Training in Dillingen geteilt. Ammon hingegen wollte immer nur etwas haben und war jederzeit bereit, seine Wadenbeißer auf mich loszulassen, wenn ich nicht genau das tat, was ihm nützte. Wir brauchten den Verein, um ein eigenes Konto zu haben. Bisher flossen Gruppenleiterhonorare und Seminargebühren, welche die von uns angeworbenen und ausgebildeten Kandidaten zahlten, nach Berlin und versickerten dort. So gründeten wir die Gesellschaft für analytische Gruppendynamik (GaG), welche die Arbeit der DGG fortführte, und etwas später die Münchner Arbeitsgemeinschaft für Psychoanalyse (MAP), die analytische Psychotherapeuten ausbilden sollte.

Ammon schrie ins Telefon, ich sei ein Judas, als es ihm nicht gelang, mich zu bewegen, meine Unterschrift unter die Münchner Vereinsgründung zurückzunehmen. Meine Seelenstörung sei schwer, schwerer als die von Silke. Ich versuchte ihn zu überzeugen, dass es der Sache schade, wenn er die Münchner Gruppe ausschließe. Ich redete ihm zu, doch endlich zu verstehen, dass wir nichts anderes täten als seine emanzipatorischen Gedanken konsequent anzuwenden. Hatte er denn nicht in seinen Vorträgen immer wieder gegen die Infantilisierungsstrategie und die autoritären Machtansprüche der orthodoxen Psychoanalytischen Vereinigung protestiert?

Es war nichts zu machen. Ammon brach das Gespräch ab und überließ den einst so lieben Freund mit düsteren Drohungen über Tiefe und Umfang seiner Psychopathologie einem ungewissen Schicksal.

In den nächsten Tagen traf ein Paket ein. Ammon hatte mir alle Geschenke zurückgeschickt, die ich ihm in den letzten Jahren gemacht hatte. Ich habe seine Geschenke behalten, darunter eine

kleine Luristan-Bronze, die er in einem Berliner Antiquitäten-
geschäft erstanden hatte.

*

Die Münchner Gruppe hatte eine Altbauwohnung in der Leopoldstraße gemietet, die ein ganzes Stockwerk einnahm. Ich hatte
einen Raum eingerichtet, in dem ich meine ersten Patienten behandelte. In einem Regal standen neben Freuds Werken Ammons
Bücher mit handschriftlichen Widmungen.

Er machte uns den Abschied leicht. Seine Wut trieb ihn zu einem in antiautoritären Zeiten schmählichen Akt. Er ließ unsere
Gruppe durch Polizeibeamte entfernen, als sie diskutieren wollte,
ob eine Mehrheit der Mitglieder der beiden Ammon-Vereine mit
dem grollenden Olympier einverstanden sei. Seine Unterschrift
stand unter dem Mietvertrag, er nutzte sein Hausrecht. Das Institut in der Leopoldstraße durfte ich nicht mehr betreten. Möbel
und Bücher stünden vor der Tür, ich solle sie abholen. Als ich das
tat und in einen der Ammon-Bände schaute, deren Publikation ich
vermittelt hatte, war die herzliche Widmung an den lieben Freund
mit dicken Strichen zurückgenommen.

XXVIII

Lange Zeit hat der Zusammenbruch meiner Illusionen über die Heilung von Silkes kranker Seele die Zeit zwischen 1966 und 1972 unter Trümmern begraben. In Vicchio überwucherten Brombeeren, Schlehen und Waldreben die einst gepflegten Gärten um das Haus. Aber weder das Haus noch Silke habe ich in den nächsten Jahren ganz aufgegeben. Das Haus blieb und wurde gelegentlich repariert. Aber mit Silke wurde es nie wieder so wie früher.

In seiner Erzählung *Abdias* beschreibt Adalbert Stifter die Behausung jüdischer Nomaden in Nordafrika. Der Eingang liegt verborgen zwischen den Trümmern einer verlassenen Stadt. Wo man nur Ruinen, Finsternis und Geröll vermutet, liegen hinter einer geheimen Pforte weiche Teppiche. Öllampen auf niederen Tischen tauchen reiches Gerät in Flackerlicht. So fand ich eine zweite Silke, nachdem ich die erste verloren hatte.

Ich konnte Silke nicht ganz aufgeben und fürchtete mich, ihr erneut ausgeliefert zu sein. Wie Löwenzahn in Pflasterfugen gedieh unsere heimliche Liebe zwischen diesen Ängsten. Wie jedes Kind kannte ich Angst. Aber ich hatte nie eine Angst erlebt, die mich nicht schlafen ließ, mir den Appetit raubte und mir aus allen Richtungen zuschrie: Ich halte das nicht mehr aus!

Als Kind war es mir gelungen, die vernichtende Qualität dieser Ängste an meine Mutter zu delegieren. Als sie mich einmal geschlagen hatte, was selten geschah und ein Zeichen ihrer eigenen Überlastung war, wollte ich ihr böse bleiben, bemerkte aber bald, dass ich das nicht ertrug, und versöhnte mich mit ihr. Vielleicht ein Hinweis darauf, dass meine Abhängigkeit von einem geliebten

Menschen durchaus der Silkes glich, ich aber berechnender mit den Gefahren des Verlusts umgehen konnte. Als junger Mann hätte ich mich geschämt, so zu Kreuze zu kriechen. Ich war unzufrieden, aber ich konnte auf mich selbst aufpassen. Ich war niemand, aber ich hatte einen kleinen, harten Kern. Ich ahnte nicht, dass ich jedes Stück jener Aufblähungen, die wir Glück und Erfolg nennen, irgendwann mit Ängsten bezahlen musste. Silkes Liebe hatte mich größer gemacht und verwandelt. Sie hatte bewiesen, dass ich nicht mehr außerhalb stand, sondern dazugehörte. Aber ich war verwundbar geworden. Anders als Menschen, deren erste Liebe ein Leben lang bestehen bleibt, hatte ich erlebt, dass einem alles genommen werden kann, was sie gegeben hat.

Diese Erschütterungen haben mein Lebensgefühl geprägt. Die Mischung aus Höhenflug und Sturz, aus Liebeserfüllung und radikalem Verlust der Geliebten an ihre Psychose führte dazu, dass der spielerische Ehrgeiz meiner Jugend, ein Dichter zu werden, eine ernsthafte Qualität bekam. Schreiben ist eine kleine Kontrolle über die Welt; Veröffentlichen der Versuch, die Wirksamkeit dieses angstmindernden Kontrollversuchs zu festigen. Mein Symbol der geistigen Macht über die Wolkenbrüche des Schicksals wurde das Buch.

An meiner Mutter und mehr noch an dem mütterlichen Großvater erlebte ich eine Haltung, die sich in meinem frühen Erleben zu der Überzeugung kristallisierte, *dass Bücher besser sind als Menschen.* Meine Mutter sagte etwa, dass sie doch viel lieber ein gutes Buch lese als sich mit einem Langweiler zu unterhalten. Der Passauer Opa besaß die Klassiker in mehreren Ausgaben und beschäftigte sich stundenlang damit, übersetzte Zitate nachzuschlagen und die lateinische Originalquelle in seiner schönen Sütterlin-Schrift auf einem Zettelchen beizulegen. Dass dieser Rückzug zum Buch in Deutschland sowohl im Jahr 1918 als auch im Jahr 1945 den Versuch enthielt, einen traumatischen Zusammenbruch von Größenvorstellungen auszugleichen, war mir anfangs sehr fremd, erscheint mir heute aber plausibel. Der Wald und das Buch sind spezifisch deutsche Rückzugsorte, ähnlich der Treue in der Liebe, der Zuverlässigkeit in Waffe und Gerät, der Bereitschaft zur totalen Rechthaberei.[18]

Mein Tagtraum im Niemandsland zwischen Kindheit und Jugend war es, selbst ein Buch geschrieben zu haben, das zwischen anderen Büchern im Schaufenster der Buchhandlung liegt wie das geschmückte Skelett des Märtyrers unter dem Altar katholischer Kirchen. Wer das erreicht hat, hat alles erreicht, was es im Leben zu erreichen gibt. Das heilige Ding ist da, niemand kann es leugnen, es ist unantastbar, unzerstörbar, ein Teil von mir, außerkörperliches Leben, wie das versteckte Herz des Zauberers.

Anfangs war dieses Buch ein Gedichtband. Aber meinen poetischen Versuchen, die ich heimlich betrieb und von denen ich ebenso heimlich Proben an Literaturzeitschriften schickte, fehlte der magische Ring des Erfolgs – meist ungedruckt und ungehört, überzeugte mich niemand davon, dass sie etwas wert waren, und so waren sie für mich auch nicht viel wert.

Seit ich mit knapp zwanzig Jahren für *Selecta* schrieb, änderte sich das. Ich wurde gedruckt und gelobt, Leser meldeten sich. Was ich tat, war wichtig für andere; der magische Kreis schloss sich und gab mir eine Stärke, die ich vorher nicht besaß. War es nicht wertvoller als Lyrik, über medizinische und psychologische Forschungen zu schreiben, welche den Menschen *halfen*, sie weiterbrachten, ihnen nützten? Dichter gab es wie Sand am Meer, es waren so viele, dass die meisten zahlen mussten, um gedruckt zu werden. Gute *Wissenschaftsautoren* waren selten und konnten mit ihren Fähigkeiten Geld verdienen.

Als mein erstes Buch im Schaufenster lag, war das Triumphgefühl längst nicht so groß und umfassend wie erwartet. Ich wusste inzwischen, dass Bücher rezensiert werden oder totgeschwiegen, dass sie Bestseller werden können oder Flops. Meine Erfolge – Lizenzausgaben in anderen Sprachen etwa oder bestsellerverdächtige Verkaufszahlen – lagen immer zwischen beiden Extremen. Sie waren nie so groß, dass sie mich völlig überzeugten und beruhigten, aber auch nie so gering, dass ich aufgab. So entdeckte ich die Freuden des Unterwegsseins.

Ich schrieb immer schon am nächsten Projekt, wenn sich das vorangehende dem Markt stellen musste. So konnte ich mich gegen Misserfolg immunisieren. Kritiken heftete ich ab. Als ich den dicken Ordner nach vielen Jahren einmal durchsah, fiel mir auf, dass ich anerkennende Rezensionen fast durchweg vergessen hatte. Von großen Tageszeitungen, in denen sie gedruckt waren, hatte ich geglaubt, sie hätten mich ignoriert.

Die Tätigkeit als Buchautor, Gruppentherapeut, Psychoanalytiker und recht früh auch als Lehranalytiker festigte mich nach dem Verlust der an Silke geknüpften Größenphantasie. Aber sie leistete das nur, solange ich arbeitete. Ich machte Praxisferien wie die Schulferien. Aber die Ferien waren keine arbeitsfreie Zeit. Sie boten Gelegenheit, in Ruhe zu schreiben.

*

Seit Schiffe aufs offene Meer hinaussegeln, haben ihre Baumeister Festungen aus ihnen gemacht. Wie in der mittelalterlichen Burg verschiedene Mauerringe und ein Wehrturm verhindern, dass der eindringende Feind sogleich alles erobert, so werden unter Deck Schotte eingezogen. Als Erster soll der chinesische Admiral Zheng He, vom Bambusrohr inspiriert, Schiffe so konstruiert haben.

Als Silkes Größenphantasie beschädigt wurde, ging sie unter. Mir sollte das nicht passieren. Ich brauchte eine Überlebenskapsel, eine Quelle von Sicherheit, von Bestätigung, zu der nur ich Zugang hatte.

Die heimliche Erotik zwischen Silke und mir war und wurde nicht so weise und abgeklärt wie in Ingmar Bergmanns Film, den

Silke bei unserem Wiedersehen zitiert hatte. Sie blieb leidenschaftlich, mit abrupten Unterbrechungen, um zu verhindern, dass Konflikte an die Oberfläche kamen.

Silke schickte mir jedes Jahr eine Berechnung über den Inflationsausgleich für ihren Unterhalt in ihrer zittrig gewordenen Handschrift. Ich erhöhte den Dauerauftrag. Was sich unter Deck abspielte, war ebenso unvermeidlich wie fehlerhaft, schwankte zwischen klammer Freude an verbotenem Genuss und Selbstverachtung. War es falsch, was ich tat? Gefährdete ich meine Ehe? Hinderte ich Silke daran, in eine neue, eine »richtige« Beziehung zu finden?

Solche Gedanken erinnern mich an die Dixie-Kapelle, die in New Orleans einem Sarg folgt. Die Gedankenmusik begleitet etwas, das nicht rückgängig gemacht werden kann. Sie wird es nicht ändern, ob sie nun traurig tönt oder fröhlich.

Silke hat an mir gelitten und ich an ihr. In unserer Beziehung erwachten Vernichtungswünsche, über die ein zivilisierter Mensch nicht gerne spricht (wenn er es nicht gleich vorzieht zu behaupten, es habe sie nie gegeben). Dennoch hatte unsere Geschichte so etwas wie ein Happy End, sind die Gefühle, die bestehen blieben, eher Wärme und Dankbarkeit für Szenen der Liebe – und Ratlosigkeit.

Ohne die beiden Beziehungen zu Silke, die offene und die heimliche, wäre mein Leben anders verlaufen. Oft habe ich gedacht: besser, würdiger, regelrechter, mit mehr Grund zu Zuversicht und Stolz, mit weniger Scham und Angst. Ebenso oft denke ich, es wird schon seine Gründe gehabt haben, dass es so gewesen ist, wie es war. Niemand weiß schließlich, welche Übel den heimsuchen, der die ihm auferlegten aus seinem Leben zu zaubern vermag.

Ganz allmählich wurde Silke mir fremd, verlor sich ihr Zauber, verschloss sich der Zugang. Ich wusste immer weniger von ihr, erfuhr nur noch aus Andeutungen von Liebesgeschichten mit einem

Mann in Vicchio. Sie kaufte sich einen Chow-Chow-Welpen, aus dem eine rundliche, eigenwillige Hundedame wurde. Ellie starb an einem Hitzschlag; auf einer Reise in die Toskana hatte Silke ebenso wie die Fahrerin vergessen, dass das Klima im geschlossenen, in der Sonne geparkten Auto tödlich sein kann.

Als Frigga starb, bat mich Silke um Hilfe bei der Haushaltsauflösung und schenkte mir zwei Stühle, für die sie keinen Platz hatte. Ich ließ sie neu beziehen; sie stehen jetzt in meinem Arbeitszimmer. Ich übernahm auch noch andere Möbel und schenkte sie weiter an einen Kollegen, der sich von seiner Frau getrennt hatte und sich jetzt neu einrichten musste.

*

Ihre letzte Psychose durchlitt Silke nach der deutschen Wiedervereinigung. Sie fühlte sich verfolgt und bedroht, packte ein, was sie an Familiensilber geerbt hatte, und fuhr nach Italien. Dort verlor sich über Wochen ihre Spur. Sie war nicht in Vicchio, aber sie muss davon gesprochen haben, denn mich erreichte ein Anruf von den Freunden dort. Jemand hatte telefoniert und gesagt, hier sei eine verwirrte Frau, die Hilfe brauche.

Ehe sich die Frage klären ließ, war der Kontakt wieder abgerissen. Am Ende kam ein Schreiben von der Deutschen Botschaft in Rom. Silke war in desolatem Zustand, abgerissen und ohne Gepäck, in einem römischen Krankenhaus untergekommen. Ich sollte einen Betrag überweisen, um den Rücktransport nach Deutschland zu ermöglichen.

Die innen vergoldete Teekanne der Baronin von Roenne, gefertigt aus schwerem Silber von einem Juwelier in Sankt Petersburg, war vom Herrenhaus im Baltikum nach Berlin gereist, in den Haushalt des Geschäftsführers des Alldeutschen Verbandes; Frigga hatte sie über die grüne Grenze nach Elmshorn geschleppt, hatte sie täglich benutzt und später in München an Silke vererbt.

Als sich die Grenzen nach Russland wieder öffneten, glaubte Silke, sie müsse das Erbe nach Italien retten. In Rom verliert sich die Spur der Teekanne; gegenwärtig mag sie in der Vitrine eines Sammlers stehen oder in einem Haushalt benutzt werden. Als Silke es nicht mehr festhalten konnte, ging auch die Geschichte des Roenne-Silbers verloren. Es gehört zum Unheimlichen der Psychose, wie das Kostbare gerade in dem Versuch untergeht, es zu bewahren.

Die Nachricht von Silkes Zusammenbruch in Italien erschütterte mich, aber die Angst hielt sich in Grenzen. Ich übernahm die Kosten für ihre Rückreise, aber ich fühlte mich nicht mehr in der Weise aufgewühlt, ruhelos und mitbetroffen, die ich früher erlebt hatte. Die Töchter waren erwachsen und unterstützten mich. Sie übernahmen es, Silke abzuholen. Wo sie überall gewesen war, erfuhren sie so wenig, wie sie herausfanden, was mit dem baltischen Familiensilber geschehen war.

Jetzt war auch meine letzte, lange unangefochtene Vorstellung über die Berechenbarkeit von Silkes Psychosen dahin. Sie war in Italien immer stabil gewesen, ich dachte sogar eine Weile, dass die freiere, freundlichere Kultur des Südens sie vor den Gefahren des Wahns bewahren könnte. Das mag auch daran liegen, dass meine allererste Erfahrung über ihr Entgleiten mit einer dramatischen Fahrt aus der überschwemmten Toskana über den Reschenpass nach München verbunden ist. Die Preisgabe dieses Besser- und Bescheidwissens hat mich nicht mehr geschmerzt.

*

Die stärkste Überzeugungskraft hat in meinen Gedankenspielen über das eigene Unbewusste, die einen Psychoanalytiker sein Leben lang begleiten, das Bild der Witwenkinder gewonnen. Silke und mir fehlte der Vater. Meine anfängliche Unsicherheit war größer als ihre – nicht nur, weil ich jünger war, sondern auch, weil für den Sohn die Mutter fremder ist als für die Tochter und sie ihm daher auch weniger Halt bieten kann.

Unsere Beziehung ging gut, solange Silke das Geschehen bestimmte. Das Haus in Italien, die nomadische Lebensform, keine Trennungen, keine Rivalen, Frigga im Hintergrund: Wir lebten die ersten Jahre in einer Welt, die weit mehr von Silke gestaltet war als von mir. Nach außen war ich Entscheider und Ernährer, im Untergrund herrschte ein Matriarchat, das Silke vor Beschämungen und Ängsten bewahrte, ihr Gefühle von Sicherheit und Wirksamkeit schenkte. Es war ein schutzloses Königinnenreich, auf bedingungslose Harmonie angewiesen. Silke und ich brauchten Übereinstimmung. Jeder zog aus dem anderen die Kraft, sein Leben zu meistern, als Frau, als Mann attraktiv zu sein. Auf Differenzen reagierten wir ängstlich, suchten sie zu vermeiden und uns möglichst schnell zu versöhnen.

Wenn das gelang, fühlten wir uns großartig und beteuerten einander, wie grässlich andere Beziehungen seien und wie sehr unsere bewies, dass sich da ein starker Mann und eine kluge Frau aufs Glücklichste verbunden hatten. Wir waren kreativ emanzipiert und doch traditionell, andere Paare entweder spießig, mit einer Hausfrau, die nichts konnte als kochen und nähen, oder falsch emanzipiert, mit einer berufstätigen Mutter, die abends auch noch die Wohnung putzte und die Socken ihres Mannes stopfte.

Wir waren im Frieden groß geworden, und doch war der Krieg Trauzeuge und Brautjungfer. Es gab nur Größenwahn oder Katastrophe, Harmonie oder Weltenbrand. Als dann scheinbar alles in Trümmer gefallen war, wir einander Unverzeihliches angetan hatten, bauten wir heimlich in den Ruinen ein Nest und taten, als sei nichts gewesen. Wir nutzten die geraubten Stunden wie Frontkämpfer, die sich im Niemandsland verabreden, um Zigaretten und Schnaps zu tauschen.

Nachdem heute die Ehe mit Silke und die heimliche Beziehung nach der Ehe fast gleich weit von mir entfernt sind, gelingt mir manchmal ein toleranter, verständnisvoller Blick. Ich denke dann an die wie zufällig hingeworfene Bemerkung von Sarah Kirchknopf, mit der ich einige Male eine Verbindung von Psychodrama und psychoanalytischer Gruppendynamik erprobte: »Sexualität ist die Entschädigung für den Verlust der Kindheit.«

Silke und ich fanden neben den verbogenen Drähten und aus den Angeln gerissenen Türen des goldenen Käfigs von einst (in dem nicht ich Silke eingeschlossen hatte; wir hatten einander eingesperrt) kurze Augenblicke, in denen alles war wie immer, Vergangenheit und Gegenwart ineinanderfielen, die Symbiose sich selbst bewies. Die heimliche Liebe entschädigte uns für den Verlust der Symbiose, sie gab uns für flüchtige Momente den Stolz zurück, den wir so gründlich, so hoffnungslos verloren hatten, sie leugnete die Wucht von Panik, Verrat und Erniedrigung.

*

Während ich mich an unsere ersten erotischen Szenen ebenso gut erinnere wie an das zweite, überraschende Treffen nach der Scheidung, kann ich unsere letzte Begegnung nicht mehr in meinem Gedächtnis finden. Vielleicht hatten wir zu oft gedacht, diese Verbindung müsste aufhören, und dann doch der Neugier nicht widerstanden herauszufinden, wie der Zauber auch diesmal wirken würde.

Zu allem, was auch nur im Entferntesten mit Therapie zu tun hatte, habe ich gegenüber Silke nie wieder etwas gesagt. Meinen Töchtern, die größer und kritischer wurden, habe ich erklärt, dass ich zu verstrickt sei und professionelle Positionen Abstand erfordern. Das war eine Ausrede; so groß, wie ich ihn gemacht habe, müsste der Abstand nicht sein, und er wäre noch längst nicht unprofessionell.

Menschen wie Silke, die nicht an ihrer Autonomie arbeiten können, sondern ein symbiotisches Milieu brauchen, um zu gedeihen, geraten in Gefahr, ein Psychopharmakon nach dem anderen und meist mehrere gleichzeitig zu nehmen. Sie sind nach dem Sturm der Psychose lieb und geduldig und tun, was die Ärzte wollen. Die Ärzte wiederum ahnen, dass Empathie sie ins Uferlose führen könnte. Sie halten sich an Richtlinien, die von einem Komplex aus (pharma)industrieller und statistischer Machtausübung ausgehen. So werden die Kranken in einer scheinbar guten, von einer breiten Lobby gestützten Absicht regelrecht vergiftet.

Silke hat noch mehrere Diagnosen bekommen, von der schizoaffektiven Psychose bis zur bipolaren Störung; selbst eine Autoimmunkrankheit (Lupus) war im Gespräch. Sie schluckte lange Lithium, daneben aber auch noch andere Mittel, die sie so ungeschickt machten, dass sie bei ihrem letzten Aufenthalt in Vicchio ins Kaminfeuer stolperte und sich verbrannte. Sie wurde aber wieder gesund. Mit etwas über sechzig Jahren musste sie in ein Pflegeheim, weil sie in ihrer Beweglichkeit zu stark beeinträchtigt war, um weiter alleine zu leben. Dort starb sie 2005 an versagenden Nieren.

Es war traurig, aber es ist auch bewundernswert, wie lange sie unter widrigen Umständen durchgehalten hat. Sie ist immer wieder mit den Töchtern nach Italien gereist, solange diese noch Kinder waren. Oft war sie sehr fröhlich, *die denkbar unspießigste Mutter,* sagte unsere jüngere Tochter am Grab. Die Fähigkeit, den Augenblick zu genießen, blieb ihr lange erhalten. Einmal brachte ich sie mit dem Auto zu einem wochenlangen Aufenthalt mit den Kindern nach Vicchio. Silke hatte nur eine winzige Tasche, eine Art Eimerchen aus braunem Leder dabei. Darin, sagte sie, sei alles, was sie brauche.

Epilog

Ich bin in einer großen Distanz zu dem aufgewachsen, was wir heute »Berufswelt« nennen. Das lag daran, dass meine Mutter nie gern Lehrerin war und sich auch nicht als solche verstand; sie wehrte sich erfolgreich, in diesen Beruf zurückzukehren, kämpfte lieber um ihre Beamtenpension, die nach dem Krieg zunächst sehr unsicher war. Mein Vater war als Gerichtsassessor nur »zur Probe« verbeamtet gewesen, als die deutsche Wehrmacht 1939 Polen überfiel und er eingezogen wurde.

Ich erinnere mich, dass sie damals Mitglied in einem Verein der Kriegsgeschädigten wurde, und an die Erleichterung in der Familie, als endgültig klar war, dass der Staat seinen Verpflichtungen nachkommen würde. Später erhielt meine Mutter die Pension der Witwe eines Amtsrichters.

In meiner kindlichen Umwelt gab es niemanden, der in dem lebte, was wir heute ein normales Arbeitsverhältnis nennen. Der städtische Großvater war in Pension; der bäuerliche Großvater arbeitete auf dem Hof und erhielt eine kleine Rente. Die Großmütter waren Hausfrauen, ebenso meine Mutter. Sie sorgte für ihre Söhne, bis sie verheiratet waren. Dann intensivierte sie das Leben als Privatgelehrte, das sie nach dem Tod meines Vaters nach sechs Ehejahren (davon vier im Krieg) bereits begonnen hatte. Sie ist viel gereist, hat viel gelesen, über altphilologische Themen für den Rundfunk geschrieben und Bücher übersetzt. Erst nach ihrem Tod begann ich darüber nachzudenken, was es bedeutete, dass sie sich so verhielt.

Wie sehr mich diese Distanz zur Arbeitswelt geprägt hat, blieb mir als Kind verborgen. Es äußerte sich später darin, dass ich »Beruf« erst als Thema entdeckte, als ich Psychoanalytiker geworden war und andere Menschen angesichts schwieriger Entscheidungen über berufliche Fragen beriet. Ich stellte mit Verwunderung fest, dass Menschen eine Laufbahn in einem Unternehmen oder in einer Behörde *planten*. Ihre Eltern hatten darüber genaue Vorstellungen.

Meine Mutter wollte alte Sprachen studieren und nicht Kinder in der Volksschule unterrichten. Daher machte sie nach der Lehrerinnenbildungsanstalt als Externe das humanistische Abitur in Passau. Sie holte in einjährigem Eigenstudium den Stoff – vor allem Griechisch und Latein, aber auch Mathematik – nach und bestand das Abitur mit Auszeichnung. Aber studieren durfte sie dennoch nicht. Ihr Vater – der Landgerichtsdirektor – hatte nicht den Mut, ihr entgegen der politischen Strömung (»Die Frau gehört ins Haus!«) von 1934 diesen Weg zu ebnen.

Als Jugendlicher habe ich von einem Leben als freier Dichter geträumt, ohne soziale Pflichten, tiefe Gedanken denkend, abseits von der beruflichen Welt. Dieser Tagtraum versickerte während des Studiums, aber in dem Plan *Toskana-Haus* trat er wieder an die Oberfläche wie eine Quelle, die unterirdisch weiter fließt.

Bei einem der Insel-Bändchen in der Bibliothek meiner Mutter hatte mich der Titel neugierig gemacht: *Duineser Elegien* von Rainer Maria Rilke. Ich war damals vierzehn Jahre alt, las die Gedichte, war gefesselt und fragte meine Mutter, was denn »Duineser« bedeute. Sie erklärte mir, Duino sei ein Schloss, einst eine Burganlage am Mittelmeer. Dort habe die Schlossherrin, eine reiche Gräfin, den Dichter aufgenommen. Er sei lange Zeit ihr Gast gewesen, habe in einem Turm am Meer gelebt und Verse geschrieben.

Der Turm am Meer, darin der Dichter im Schutz der vornehmen, reichen Dame – das wurde mein geheimes Lebensprojekt. So wollte ich leben, das wollte ich sein. In ihrer Beschreibung hatte meine Mutter ihr eigenes Gegenbild geschaffen. Ich war für sie

Kind, sie konnte meine Würde als Dichter erst erkennen, wenn ich von außen, als gebundenes Buch, ihr wieder vor die Augen trat. Aber die Fürstin von Duino, die würde mich verstehen, fördern, unterstützen, von den Zwängen des Brotberufs befreien und in die ideale Existenz des Dichters führen.

Als ich später das Meer nicht mehr nur erträumt, sondern erfahren hatte, mischte sich das Bild des Turms zwischen vom Wind niedergedrücktem, knorrigem Gehölz, gelblichem Sand und weißer Brandung in meine Vorstellungen, wie mein Leben aussehen müsste. Das Haus in der Toskana thronte zwischen verlassenen Feldern und verwilderten Rebstöcken. In der Wucht seiner Einsamkeit, mit seinen dicken Mauern hatte es Züge des Wehrturms von Duino.

Als ich Billy Wilders Film *Manche mögen's heiß* zum ersten Mal sah, hat mich die letzte Szene entzückt. Da ist die Sängerin, die nach vielen schlechten Erfahrungen mit verkrachten Musikern endlich einen reichen Mann will, doch wieder bei einem Saxophonisten gelandet. Der mutterabhängige Millionärssohn hingegen hat endlich die passende Frau gefunden – nur ist die ein Mann. Er bringt das Drama auf die Formel: *Nobody is perfekt.*

Ähnlich erfüllte Silke meinen Traum von Duino, mit dem kleinen Fehler, dass nicht ihr Reichtum meine Elegien ermöglichte, sondern Texte für den journalistischen Marktplatz unseren Turm finanzierten. Silke half mir, den Turm zu finden. Ich habe nur das Geld beigesteuert, meinen Anteil am Erbe des Großvaters in Niederbayern. Silke hingegen lieferte die Inspiration. Ohne sie hätte ich dieses Projekt niemals umgesetzt. Die Sehnsucht nach dem Süden wäre ein literarischer Traum geblieben.

Als ich viel später begann, über meine niederbayerische Kindheit zu schreiben, fiel mir eine Parallele auf, die ich bis dahin nicht gesehen hatte: Mein Deindorfer Opa, eine Männergestalt, die mich als Kind gefesselt hatte, war in einer Landwirtschaft verwurzelt, die wir heute Subsistenzbetrieb nennen würden. Damals sprach man von Häusler oder Gütler. Ein einfaches Haus mit etwas Grund, Scheune und Obstgarten, vier Kühe im Stall, davon zwei, um sie vor den Wagen zu spannen, zu ackern und schwere Lasten zu bewegen. Dazu Hühner, Kaninchen und zwei Schweine. Ein Brunnen im Hof und ein Plumpsklo im Häusl mit hölzernem Sitz.

Und das Haus in Vicchio, auf halber Höhe, mit Blick über das weite Mugello? Ein Subsistenzbetrieb mit Obstgarten und vier Kühen im Stall, darunter zwei Zugkühe, um zu pflügen und schwere Lasten zu bewegen. Dazu Hühner, Kaninchen, eine Ziege und zwei Schweine. Eine Quelle unten im Feld und ein Plumpsklo mit einem Sitz aus Marmor.

Marx irrte auf eine Art, die sprechender ist als viele Wahrheiten, als er sagte, dass die Geschichte als Tragödie beginnt und sich als Farce wiederholt. In Wahrheit ist in jeder Tragödie die Farce enthalten – und in jeder Farce die Tragödie, wie in dem chinesischen Symbol von Ying und Yang die Dunkelheit den Keim des Lichtes in sich trägt, und das Licht den Keim der Dunkelheit.

Ich habe mich anfangs geärgert und ausgenützt gefühlt, dass ich Silke für den Rest ihres Lebens Unterhalt zahlen musste. Anders wäre die Scheidung nach dem alten Recht nicht so schnell zu haben gewesen. Der Schuldige muss zahlen.

Silke hätte sorglos, reicher als alle Bauern um sie herum, in dem Steinhaus über Vicchio leben und dichten können. Aber sie scheute sich vor der Einsamkeit, blieb nahe bei den Kindern und ihrer Mutter. Meine Zahlungen, die mit der Inflation wachsen mussten, reichten für eine kleine Wohnung in Schwabing und Sommerurlaube in der Toskana.

Viele halten mich für einen Psychoanalytiker, der Sachbücher über sein Fach und über gesellschaftliche Phänomene schreibt. Das ist kein Irrtum, aber auch nicht die Wahrheit. In meiner Sicht bin ich eher ein Autor, der aus persönlichen Bedrängnissen zur Psychoanalyse gefunden hat und Freude daran fand, die eigene Erfahrung weiterzugeben. Ich schreibe immer noch Gedichte und glaube auch, dass die Leidenschaft für die Sprache der therapeutischen Arbeit teils nützt, teils wegen ihrer narzisstischen Komponente auch schadet. Man sollte, hier wie andernorts, wissen, was man tut – und findet es zu oft erst im Nachhinein heraus.

*

Was habe ich hier erzählt?

Silkes bei einem Autounfall 1937 tödlich verunglückter Vater diente in Hitlers Leibstandarte. Ihre Mutter, eine baltische Baronesse, hatte einen NS-Propagandisten geheiratet, sich scheiden lassen, ihren Mädchennamen wieder angenommen, während der NS-Zeit bei der Polizei gearbeitet und in der Nachkriegszeit eine Stelle als Lektorin im Verlag eines »Widerstandskämpfers« gefunden.

Der Erzähler ist der Sohn eines Juristen, der 1944 als Oberleutnant bei Kiew fiel; er will Dichter werden, studiert Psychologie, arbeitet als Medizinjournalist, verliebt sich in die Person, die er auf diesen Seiten zum Thema macht, erwirbt zusammen mit ihr ein Steinhaus ohne fließendes Wasser und elektrischen Strom, heiratet sie, lässt sich scheiden, ohne sich wirklich von ihr zu trennen. Ein jäher Bruch in dem Aussteigerleben fällt in die Zeit der psychoanalytischen Ausbildung des Chronisten, die ihrerseits bizarre Züge trägt.

Um etwas zu beschreiben, braucht der Autor Distanz. Soll ich damit argumentieren, dass ich Silke als 25-Jähriger geheiratet habe, vor mehr als fünfundvierzig Jahren? Dass wir uns trennten, als ich dreißig war? Ich widerspreche dem Mythos der Distanz. Der Autor braucht Nähe *mehr* als Abstand. Vor allem benötigt er eine *Entscheidung,* die ohne Nähe nicht zu haben ist: *Das* ist jetzt *mein*

Thema, *daran* will ich die nächsten Monate arbeiten, *daraus* will ich etwas machen.

Ich finde diese Entscheidung eine der schwierigsten Aufgaben und frage mich oft, wie sie unsere großen Dichter getroffen haben, wie Stifter beim Kondor oder beim Abdias blieb und nicht bei einem anderen der zahllosen Themen, die uns umschwirren wie Mücken im Sumpf. Angerührt und ins Erinnern gestoßen hat mich Silkes Tod. Seither ist sie mir nicht mehr aus dem Kopf verschwunden.

Manchmal wird ein Autor gefragt, *warum* er schreibt, oder genauer: warum er gerade dieses Thema wählte und kein anderes. Mir liegt es nahe, die Frage umzukehren. Wie soll es ein Autor fertigbringen, *nicht* zu schreiben? Welche Macht darf ihn davon abhalten, sich mit Hilfe seiner Kunst das Leben erträglicher zu machen?

So wäre die Frage: Warum schrieb ich nicht *früher* über Silke, als die Erinnerungen noch frisch waren? Warum mied ich ein Thema, das mich stärker geprägt hat als andere?

Lange habe ich mich für meine Naivität, Selbstüberschätzung und Grausamkeit während der Jahre mit Silke geschämt. Es ist leichter, über Kompetenzen zu schreiben als über Schwächen. Nach ihrem Tod wuchs die Gewissheit, es sei Zeit, sich möglichst genau an Silke zu erinnern. Sie wurde in mir wieder lebendig, ich identifizierte mich mit ihr, wie Menschen das nach einem Verlust tun. Freud berichtet von einem dreijährigen Mädchen, das auf allen vieren lief und nur aus einem Napf auf dem Zimmerboden essen wollte, nachdem sein geliebter Hund gestorben war.

*

Wer eine vollständige Biografie verfasst, zieht Personen in die eigene Indiskretion hinein, die vielleicht lieber ungenannt bleiben möchten. Daher bleibt mein Text Fragment – er konzentriert sich auf Silke und deutet das Umfeld nur an. Die meisten Hauptfiguren leben nicht mehr: Gisela von der Goltz und Frigga von Vietinghoff, Melitta Haarer und ihre Mutter Johanna. Elio, der *fattore*, der uns in Vicchio unterstützt hat, ist ebenso dahingegangen wie die *padrona*, Olga Ferrero-Fiani, die mit 93 Jahren starb und in ihren letzten Jahren sagte, sie habe 27 ihrer Verwandten überlebt und sei der lebende Beweis, dass ein Mensch durch Schmerz und Trauer nicht stirbt. Der *Galletto* ist nicht mehr, ebenso Gino und die anderen bäuerlichen Nachbarn der ersten Jahre in Vicchio, aber auch Günter Ammon, mein Doktorvater Albert Görres, Ildar Idris, der Chefredakteur von *Selecta*, Norbert Matussek, der am Max-Planck-Institut Psychosen heilen wollte, mein Lehranalytiker Edmund Frühmann und die Mitgründerin der Institute in München und meine erste Supervisorin, Maria Helmrich.

Kein Mensch kann sich darauf vorbereiten, dass ihm eine gestern noch einfühlsame und zugewandte Person in Wahn und Erregung abhanden kommt. Ich habe den damit verbundenen Ängsten einmal standgehalten – mit knapper Not. Ein zweites Mal ist es mir nicht gelungen. Wie ein verängstigtes Kind habe ich Zuflucht in der erfundenen Stärke einer anderen Frau gesucht.

Im Erzählen von Silkes Geschichte bin ich auf eine neue Art dem Widerspruch begegnet, der Kunstgeschichte, Kunstkritik und in vieler Hinsicht auch die Psychoanalyse prägt. Wissenschaft sucht nach Lösungen, dem Künstler aber geht es um ein Werk, aus dem Leser oder Betrachter ihre eigenen Schlüsse ziehen.

Psychologen lernen während ihres Studiums Antworten auf jene meist trivialen Fragen, die sich durch Zahlen erfassen lassen. Sobald es darauf ankommt, mit konkreten Personen umzugehen, individuelles Handeln zu verstehen und zu beeinflussen, schwindet der Wert eines abstrakten Wissens um statistisch fassbare Zusammenhänge.

Während sich die Wissenschaft daran orientiert, Fragen auf den Grund zu gehen und der Natur durch die Folter des Experiments Einsichten abzuringen, sucht die Kunst nach einer ästhetischen Qualität. So lehrt sie uns auch, im richtigen Augenblick aufzuhören, wenn ein schöpferisches Ereignis gelungen ist. Dieses Innehalten ist nun auch ein wesentliches Element der Psychotherapie, auf das uns eine rein wissenschaftliche Ausbildung nicht vorbereitet.

Sicher ist mein Kunstbegriff schlicht und wohl auch veraltet, aber er genügt für meine Zwecke, denn er verdeutlicht eine Frage, die mich wiederholt beschäftigt hat: Was hat es mit der Wissenschaft von der Seele und der Kunst der Psychotherapie auf sich?[19] Therapie soll dafür sorgen, dass es einer Person besser geht, sie ihr Leben leichter führen kann. Wissenschaft aber klärt auf, gewinnt Zahlen und bürdet die Auseinandersetzung mit diesen Zahlen Menschen auf, auch wenn diese unter dieser Last zusammenbrechen.

In der Wissenschaft muss man keinen Gedanken darauf verschwenden, ob einzelne Personen das gewonnene Wissen auch ertragen und verarbeiten können. In der Therapie spielt es hingegen eine zentrale Rolle, ob gewonnene Einsichten für einen Entwicklungsprozess genutzt werden können oder nicht.

Inzwischen sind die Kinder aus meiner Ehe mit Silke über vierzig Jahre alt. Ich hoffe, wir konnten einander gut genug unterstützen, die seelischen Verletzungen zu bewältigen, die im Zerbrechen einer Familie unvermeidlich sind, selbst wenn sich die Eltern nach Kräften bemühen, die Würde des einstigen Partners zu wahren.

Das Haus in Vicchio wird jetzt von der Erstgeborenen und ihrem Partner mehr gestaltet als von mir. Sie ist Architektin geworden, während die Jüngere das Handwerk des Filmemachens gelernt hat und gegenwärtig Drehbücher schreibt.

Als Silke beerdigt wurde, waren sie um mich. Die Architektin entwarf den Grabstein, die Drehbuchautorin das Ritual am Grab,

jeder von uns sprach über die Silke, die sie oder er gekannt hatte.
Ich rezitierte zum Abschied noch einmal die Verse von Lorenzo
Medici, die mich Silke gelehrt hat:

Quant è bella giovinezza
Che si fugge tuttavia.
Chi vuol esser lieto, sia!
Di doman non c'è certezza.[20]

Anmerkungen

1 Eugenio Battisti, *L'antirinascimento* (Mailand 1964). Der Autor, 1924 geboren, 1989 verstorben, lehrte in Genua und Rom; er war auch Kolumnist von *Il Mondo*.

2 *Alldeutsche Blätter*, XXIX, 1919, S. 310.

3 Nicola Karcher, *NORDEUROPAforum* 19 (2009), S. 17.

4 1965 wurde der deutsche Mensch mit 21 Jahren volljährig, was aber nicht bedeutete, dass er auch sexuell erwachsen war. Es galt ein einhundert Jahre altes Strafrecht, in dem Sexualität außerhalb der Ehe als *Unzucht* bewertet wurde. Wer Nicht-Verheirateten Sex ermöglichte, machte sich strafbar. Das galt für Gastwirte und Campingplatzbesitzer, für Vermieter und Eltern. Kuppelei wurde mit Zuchthaus bis zu fünf Jahren bestraft und erst 1972 als Straftatbestand abgeschafft.

5 Als mein Name 1962 ins Impressum der *Selecta* aufgenommen wurde, galt die Insulinkur als veraltet, als eine der Torturen, die aus der medizinischen Hilflosigkeit der Psychiater erwuchsen und an die Mutter erinnern, die ihrem aus ihr unverständlichem Grund weinenden Kind eine Ohrfeige verpasst: *Jetzt weißt du wenigstens, warum du heulst!*
Die Behandlung erinnert an die persische Sage von der Schlangengrube, in die der Geistesgestörte geworfen wird: Was einen Gesunden um den Verstand bringt, soll den Verrückten wieder gesund werden lassen. Durch Insulin-Injektionen wurden die Kranken in einen Schock mit Koma versetzt; nach dieser extrem ängstigenden Erfahrung wurden sie durch eine Zuckergabe wieder zurückgeholt. Diese Behandlung war zwischen 1933 und 1955 in Gebrauch. Sie galt immer als sehr gefährlich, weil sie manchmal tödlich verlief oder zu irreversiblen Gehirnschäden führte.

6 Cissy Kraner und Hugo Wiener eröffneten nach ihrer Hochzeit 1943 in Caracas eine Exilanten-Bar, in der Kraner die Chansons ihres Mannes vortrug. Nach dem Krieg kamen die beiden nach Wien zurück. In dieser Zeit entstand Hugo Wieners Chanson *Der Novak*. Es geht um einen Mann, der eine Frau in allen ihren Verrücktheiten beschützt, und um das Verhältnis zu einem Zuhälter. Hier der Text:

Ich habe einen Mann, den viele möchten
der immer mich bewahrt vor allem schlechten
ein jeder kennt ihn – Novak ist sein Name
ihm dank ich es, daß heut' ich eine Dame
ob angezogen oder als ein Nackter
der Novak hat am ganzen Leib Charakter
Ich hätt schon längst ein böses End genommen
aber der Novak läßt mich nicht verkommen
Ich hätt' an vielen Dingen mein Vergnügen
Ich möcht' so gerne in der Gosse liegen
Ich möchte einmal sinnlos mich besaufen
Ich möchte mit einem Freudenmädchen raufen
Ich möchte einmal Männer toll verbrauchen
Ich möchte statt Memphis Marihuana rauchen
Ich hätt auch längst schon Morphium genommen
aber der Novak läßt mich nicht verkommen
(Es folgen noch zwei weitere Strophen)

7 Hier und im Folgenden kursiv gesetzt.

8 Anspielung auf das Märchen von Hans Christian Andersen, in dem eine Scherbe im Auge die Menschen ihrer warmen Gefühle beraubt und der kalten Macht der Schneeprinzessin ausliefert.

9 Titel des Buches von Stefan Zweig, in dem er Mesmer, Freud und andere historische Gestalten der Psychotherapie beschreibt.

10 Im Jahr 362 v.Chr. hatte sich auf dem Forum ein abgrundtiefer Erdspalt aufgetan. Nach dem Spruch eines Augurs musste man, um den Bestand Roms zu sichern, dem Abgrund ein kostbares Gut opfern. Da weihte sich Marcus Curtius und stürzte sich samt Pferd in den Erdspalt. (Livius 7,6). Dieses Motiv ist in der römischen Ikonographie wie in jener der Renaissance sehr beliebt.

11 Diese Geschichte ist ein schönes Beispiel für die Umgestaltung von Erinnerungen und Motiven nach 1945. Während der NS-Zeit hatte sich Johanna Haarer sich vor allem als Teil der »Bewegung« geäußert: ihre erste Schwangerschaft ordne die Frau ein »in das große Geschehen des Völkerlebens (...) an die Front der Mütter unseres Volkes, die den Strom des Lebens, Blut und Erbe unzähliger Ahnen, die Güter des Volkstums und der Heimat, die Schätze der Sprache, Sitte und Kultur weitertragen und auferstehen lassen in einem neuen Geschlecht.« Die Erziehung wird bei Haarer zu einer Technik, die durch die Ablehnung von Freude, Zuneigung oder Trösten gekennzeichnet ist. So forderte sie, wenn das Kind schreit und auch der Schnuller als »Beruhigungsmittel« versagt, »dann, liebe Mutter, werde hart! Fange nur

ja nicht an, das Kind aus dem Bett herauszunehmen, es zu tragen, zu wiegen, zu fahren oder es auf dem Schoß zu halten, es gar zu stillen.«

12 Die Diskussion eröffnete ich mit einem Text »Methodenprobleme der Human-Ethologie« in *Studium generale* 24 (1971), S. 462 ff. Konrad Lorenz antwortete mit »Der Mensch, biologisch gesehen. Eine Antwort an Wolfgang Schmidbauer« in *Studium generale* 24 (1971), S. 495 ff. Vgl. auch W. Schmidbauer: *Biologie und Ideologie. Kritik der Humanethologie*, Hamburg (Hoffmann und Campe) 1973.

13 Ich war zu ungeduldig. Oliven brauchen Monate, ihre Bitterstoffe zu verlieren. In Kroatien wurde mir erzählt, dass die Bauern sie in Säcken ins Meerwasser hängten; an Weihnachten seien sie genießbar.

14 Sie stehen am Ende dieses Buches.

15 Eine Abwandlung des bekannteren Verses von Friedrich Schiller aus *Kabale und Liebe*: »Spricht die Seele ...«

16 *Und den Fluß hinauf, hinunter*
zieh'n die Schatten tapfrer Goten,
Die den Alarich beweinen,
ihres Volkes besten Toten.
Allzu früh und fern der Heimat
mussten hier sie ihn begraben,
Während noch die Jugendlocken
seine Schulter blond umgaben.
Und am Ufer des Busento
reihten sie sich um die Wette,
Um die Strömung abzuleiten,
gruben sie ein frisches Bette.
In der wogenleeren Höhlung
wühlten sie empor die Erde,
Senkten tief hinein den Leichnam,
mit der Rüstung auf dem Pferde.
Deckten dann mit Erde wieder
ihn und seine stolze Habe,
Daß die hohen Stromgewächse
wüchsen aus dem Heldengrabe.
Abgelenkt zum zweiten Male,
ward der Fluß herbeigezogen:
Mächtig in ihr altes Bette
schäumten die Busentowogen.
Und es sang ein Chor von Männern:
»Schlaf in deinen Heldenehren!

Keines Römers schnöde Habsucht
soll dir je dein Grab versehren!«
Sangen's und die Lobgesänge
tönten fort im Gotenheere;
Wälze sie, Busentowelle,
wälze sie von Meer zu Meere!

17 So hat Henrik Ibsen genannt, was Psychoanalytiker die manische (oder nar-
zisstische) Abwehr nennen: »Nehmen Sie einem Durchschnittsmenschen die
Lebenslüge, und Sie nehmen ihm zu gleicher Zeit das Glück« (Relling in *Die
Wildente*).

18 Einen Teil dieser Gedanken habe ich – Überraschung – in einem Buch *Die
deutsche Ehe. Liebe im Schatten der Geschichte* (Zürich 2015) formuliert.

19 Vergleiche W. Schmidbauer: *Freuds Dilemma. Die Wissenschaft von der Seele
und die Kunst der Psychotherapie*, Reinbek bei Hamburg: Rowohlt, 1999. Das
Buch hat einen ironischen Bezug zu Silke. Der Titel ist analog zu dem zerle-
senen Kochbuch formuliert, das sie in Vicchio viel benutzt hat: *La Scienza in
Cucina e l'Arte di mangiar bene*, 1891 von dem Schriftsteller Pellegrino Artusi
veröffentlicht und nach dem Urteil von Kennern der wichtigste Schritt zur
Einheit Italiens.

20 Ich habe versucht, das nachzudichten:
Wie schön ist doch die Jugendzeit
Doch sie bleibt flüchtig,
Drum genieße tüchtig
Über das Morgen gibt's keine Sicherheit.